Conocemos a Rosita Martínez hace alrededor de once años y realmente ha sido de gran bendición para nosotras. Hemos sido testigos de su dedicación y abnegación en todo lo que hace para la obra de Dios y aún más... ¡Cómo disfruta al hacerlo! Su llamado ha conllevado grandes sacrificios y renuncias, pero esto no ha sido obstáculo alguno para ella, porque no hay nada que ame y valore más que el ver vidas transformadas y restauradas por el poder de Dios. Su mensaje expone temas que muy pocos se atreverían a tocar. Muchos de ellos han sido tabúes en algunas de nuestras iglesias por décadas. Sin embargo, Rosita, con respeto y autoridad los ha expuesto impactando el corazón de mucha gente. Quizás en algún momento de tu vida has tenido que clamar en tu interior diciendo: "Señor, sácame de aquí". Si es así, este libro es para ti. Sabemos que cada palabra de sus capítulos tocará las fibras más íntimas de tu corazón.

Hermanas Meléndez
Orlando, Florida

Cuando era niño, mi padre acostumbraba al salir de la iglesia, parar en la panadería del pueblo y comprar una o dos libras de pan caliente. Recuerdo bien que el automóvil se llenaba de ese olor tan particular a pan recién salido del horno. Era inevitable que la boca se me hiciera agua y no podía esperar a llegar a casa para darle una probadita. La misma sensación me sobrevino cuando escuché por primera vez a la hermana Rosita Martínez predicar en nuestra iglesia en Massachusetts. La boca se me hizo agua, tan sólo cuando la escuché recitar el pasaje del cual iba a predicarnos en aquella ocasión. Supe en ese momento que descendería pan fresco y calientito del cielo, directo del horno de Dios. Son éstas y muchas otras cualidades las que hacen a Rosita una excelente maestra de la Palabra, para traer en este momento en que vivimos verdades de Dios al pueblo. Este libro será una gran bendición para tu vida. Deseo que se inunde tu habitación de olor grato y que puedas digerir el pan que Dios ha preparado para ti en esta obra literaria. ¡Buen provecho!

Rev. Rafael Osorio
Pastor Principal ... *Renovación*
... *d, MA*

Hay dos razones importantísimas por las que recomiendo la lectura de este libro. Una es por su alto contenido bíblico, el cual estoy seguro transformará tu vida de forma especial. Y la segunda, porque conozco personalmente a la autora y sé que su más elevada pasión, entre otras cosas, es sacar a la gente de la mentira y el engaño religioso en que viven, conduciéndolos a la verdad a través de la predicación y la enseñanza de la Palabra de Dios. Ese ha sido uno de sus trabajos más arduos dentro del seno de la iglesia. Te lo dice su pastor y amigo...

Rev. Gilbert Gutiérrez
Pastor del Templo de Restauración El Buen Samaritano
Lake Mary, FL

¡SEÑOR, SÁCAME DE AQUÍ!

EL GRITO ANGUSTIOSO DE UN ALMA EN SOLEDAD

ROSITA MARTÍNEZ

¡Señor, sácame de aquí! por Rosita Martínez
Publicado por Publicaciones Casa Creación
Una división de Strang Communications Company
600 Rinehart Road
Lake Mary, Florida 32746
www.casacreacion.com

A menos que se indique lo contrario,
todos los textos bíblicos han sido tomados
de la Versión Reina-Valera de 1960.

4 5 6 7 BP 8 7 6 5 4 3 2

DEDICATORIA

Quiero dedicar este libro a todas aquellas personas que están atravesando un momento de crisis, no importando quiénes sean y qué posición ocupen. Me dirijo inclusive a aquellos que no se atreven a hablar por temor al "que dirán", pero desde lo más profundo de sus entrañas viven clamando en forma silenciosa... "Señor, sácame de aquí". A todos aquellos que no sólo claman, sino que están dispuestos a hacer lo que haya que hacer, dónde y cuándo sea necesario hacerlo, con tal de salir de la condición en que se encuentran ahora mismo. A todos esos valientes, Dios les abre una puerta de escape hoy. ¡Aprovéchenla! ¡Su nombre es Jesucristo... El gran Yo Soy!

Agradecimientos

Muchas fueron las personas que me sirvieron de ayuda e inspiración en el proceso de escribir este libro. Primero que nada, mi gratitud y fidelidad absoluta a mi Señor Jesús, por la motivación, seguridad, y fuerza que me da a diario para servirle y volar en "Alas de la Fe". Por la supereminente grandeza de Su poder, la que actúa poderosamente en mí y me da la sabiduría para enfrentar la adversidad desde las alturas con Él. A Dios sea dada toda la Gloria, Poder, Honor y Majestad para siempre.

Mi gratitud al pastor Gilbert Gutiérrez (mi pastor y colaborador de ministerio) y a su esposa Pastora, por todo el amor y confianza que me brindaron al permitirme compartir con ellos la tarea del pastorado. Por todo el apoyo moral, espiritual y financiero que le han dado al Ministerio "En Alas de la Fe", desde que llegó a Lake Mary, Florida, por primera vez.

Gracias a mi amada Iglesia Templo de Restauración El Buen Samaritano, por abrir el corazón a la enseñanza de la Palabra de Dios y a la consejería cristiana. Por recibir, entender y asimilar nuestra labor como ministerio evangelístico en medio de ustedes.

Gracias a la Junta de Oficiales y al liderazgo en general de la iglesia, por el recibimiento y el compañerismo de altura demostrado en el trabajo de equipo, y el vínculo de unidad y confraternidad que los caracteriza. ¡Consérvenlo siempre! Gracias a Tere y Edward Segovia por convertirse en el canal de Dios para que yo llegara a la Florida Central.

Mi especial agradecimiento a Pop, mi padre terrenal, quien en su etapa senil tuvo que desarrollar la habilidad de moverse al ritmo que yo lo llevaba. Y quien se convirtió en parte integral de la dinámica de Dios a mi vida para desarrollar en mí el fruto de la paciencia, el amor y la benignidad. Fuiste un padre ejemplar.

Mi gratitud a mi familia inmediata, Rev. José R. Martínez (mi amado hermano) y su esposa Eva por todo el apoyo y respaldo moral que siempre me han brindado en la vida. A mis amados sobrinos: Shaolyn Ishalette y su hijo Caesar Xavier, a Sheila Marie, Lynette Marie y José Juan (Tito) "mi hijo" por la alegría y el refrigerio que me imparten cada vez que tengo la oportunidad de verlos o disfrutar de ustedes en el calor de mi hogar.

Mi especial agradecimiento a la Iglesia Pentecostal Esmirna en Miami, Florida, y a sus pastores, Rev. Pedro e Irma García, por ser la primera Iglesia en los Estados Unidos que le abrió las puertas de par en par al Ministerio "En Alas de la Fe" en sus comienzos. A la familia Feliciano (Tito, Fela, Biembe, Lydia) y a la familia Romero (Harry y Wanda). Jamás olvidaré vuestro respaldo, y dondequiera que me encuentre haré mención de vuestra hospitalidad y distinción en ayudar siempre al necesitado. Los amo a pesar de la distancia.

Mil gracias a los hermanos Collazo en Euless, Texas (Rev. Luis Anibal Collazo y su esposa Petrín, a Ely y Mary Leen) y a la familia Sotomayor (Tony, Millie, Abraham y Anthony) por permitirme pasar unas semanas con ustedes y escribir parte de mi libro en la quietud y tranquilidad de sus hogares. Siempre les estaré agradecida.

Gracias a la Iglesia Cristiana "El Discípulo" en Yauco, Puerto Rico, y a sus pastores Juan B. Morales y Carmen Rivera, por creer en la labor que realizo a diario con el Ministerio, y sostenerme todos estos años con una ofrenda misionera mensual. En lo poco han sembrado, en lo mucho recogerán. Que Dios les recompense rica y abundantemente. Los amo.

Gracias a la Iglesia Bautista Hispana Renovación en Springfield, Massachussets y a sus pastores Rev. Rafael y Loyda Osorio por el interés mostrado en la realización de este proyecto, el estímulo y la ayuda económica para llevarlo a cabo, y sobre todo por mantenerme bajo la cubierta de Dios con vuestra intercesión diaria de oración.

Gracias a la Iglesia Misión Evangélica Jesucristo es el Señor de North Richland Hill, Texas y a sus pastores, Rev. Luis y Denisse Rosario, por abrirles las puertas a este ministerio y apoyarnos financieramente en la realización de este libro. Ocupan un lugar especial en mi corazón.

Mis más expresivas gracias a María Eugenia Delgado por su fidelidad a Dios en el cumplimiento de su misión en el Ministerio "En Alas de la Fe". Por ser una extraordinaria y ejemplar compañera de ministerio, hermana, amiga, secretaria, escudera y casi ángel guardián que Dios puso a mi lado para brindarme cobertura espiritual por medio de la oración intercesora. Gracias por permanecer a mi lado todos estos años sin importarte "el qué dirá la gente" y alivianar la carga que en ocasiones se agolpa sobre mí, con esa palabra de aliento y de fe que siempre hay en tu boca. Gracias por cuidar de mi padre cuando he tenido que salir de viaje a predicar. Gracias por decirme siempre la verdad y ayudarme a ver detrás de la penumbra que todo apunta hacia el propósito y el plan de Dios en mi vida, el cual se ha cumplido al pie de la letra.

Mi especial gratitud a Stephen y Joy Strang que sin haberme conocido personalmente confiaron en mi trabajo y en el llamado de Dios a mi vida.

Gracias a Tessie DeVore y a Lydia Morales por haber sido dos puertas de bendición en mi vida y los canales para que este libro pudiera ser publicado.

Por último y no porque sea menos importante, mi reconocimiento y gratitud a todas aquellas vidas que detrás del escritorio del pastor, de mi casa o del lugar que haya sido, tuvieron el valor de romper con su silencio y pedir ayuda a tiempo, exclamando un **"¡Señor, sácame de aquí!"**. En ustedes se cumple la bienaventuranza de "dichosos los pobres en espíritu, pues de ellos es el Reino de los cielos". Me refiero a aquellos a quienes el miedo los tiene encogidos y postrados, pero se percataron a tiempo de que ése puede ser su presente, mas no su final. Para cada uno de ustedes que están en el corazón y en la agenda de Dios, por ese grito silencioso o audible que aún late en el corazón de muchos, es que este primer volumen del libro ha podido realizarse. Que el Dios de paz os santifique por completo y todo vuestro ser, espíritu, alma y cuerpo sean hallados irreprensibles para la venida de nuestro Señor Jesucristo. Ese es el deseo de Dios y también el de mi corazón.

Los ama,
Rosita Martínez

Índice

Palabras iniciales

Escribir un libro como éste ha sido para mí un verdadero reto de fe, confianza y completa dependencia de Dios. Quien haya tenido la oportunidad de escribir alguna vez, sabe a lo que me refiero con estas palabras. Durante el proceso, hubo momentos en que pensé que nunca terminaría. Literalmente sentí que el mismo libro con su título me pedía a gritos: Por favor, ¡sácame de aquí! Dicho sea de paso, el protector de pantalla de mi computadora tenía escrita esa frase a modo de recordarme a mí misma que no podía dejar el asunto para después.

La frase o expresión "Sácame de aquí" es ese clamor que todos en alguna medida llevamos dentro. Es ese grito de angustia que emitimos los seres humanos cuando nos sentimos solos y atrapados en una situación semejante a un callejón sin salida. Es cuando reconocemos interiormente que somos incapaces por nosotros mismos de salir de la condición en la que estamos, que necesitamos ayuda y esa ayuda es de índole sobrenatural. Es esa inminente necesidad de cambio que todos anhelamos tener. Cuando hablo de algún tema en particular soy muy explícita; me gusta ir al grano, clarificar conceptos, definir términos y, sobre todo, hacer salvedades. Creo que hablando claro la gente se entiende, si es que hay una genuina sinceridad de ambas partes. Lo que significa que aquí escribo (a calzón quitado) con el único propósito de crearte conciencia de la verdad. Este libro es un medio más que Dios está usando para tratar contigo. Entenderás claramente que cuando Dios te permite pasar ciertas cosas, lo hace siempre con un propósito específico y definido. Es tu misión descubrir ese propósito y llevarlo a cabo. Tarea que a muchos no les gusta hacer.

De todas formas, quiero darte las gracias por honrarme con tu compañía. Sé que Dios usará cada palabra escrita aquí para Su Honra y Su Gloria. Te pido que le concedas al Espíritu Santo, a través de estas páginas, la oportunidad de tratar contigo.

No te cierres a la confrontación. Total, no hay nadie frente a ti (me refiero a un humano) para hacerte sentir avergonzado. Es sólo la Palabra de Dios y tú. Antes que nada quiero darte un consejo. Abre tu corazón. No te inquietes en manera alguna a hacer lo malo o a rebelarte por causa de las cosas que acontecen a tu alrededor. Ten fe en el Señor porque Él jamás te fallará.

Aunque la adversidad aumente, aunque parezca que tu barca va a naufragar, aunque los vientos contrarios estén azotando tu fe, y tu estabilidad emocional esté tambaleando como un borracho, recuerda que Dios es suficientemente poderoso para reprender los vientos y hacer que se suscite una bonanza en tu vida. Dios te sacará de ahí a como dé lugar. Te lo aseguro.

Reflexión

¡Cuán reconfortante es saber que Dios trabaja con la individualidad del ser humano! Que no importa cuál sea la condición, situación o circunstancia en que éste se encuentre, el Dios Omnipotente está siempre presto para salvar, socorrer, librar y proteger a su máxima creación. Su brazo fuerte no se ha acortado para salvar, sanar y libertar a quienes se lo pidan con verdadera fe.

Es por eso que con un alto y serio sentido de responsabilidad me he dedicado a la tarea de escribir este libro. "¡Señor, Sácame de Aquí!" es un libro lleno de grandes verdades, de pura y llana confrontación, de palabra fuerte, pero edificante; ameno, sencillo y práctico. Mi objetivo principal en él, es que en ti nazca una apasionante hambre de Dios. Que lo conozcas personalmente. Que entiendas que en esta vida el único que puede salvarte de cualquier circunstancia o situación es tu Padre Celestial, y nadie más.

Ha llegado la hora en que te des cuenta del extraordinario potencial que posees en el nombre y la persona de Jesucristo para que puedas cumplir con Su propósito aquí en la tierra. La vida eterna no es una visión futurista del reino celestial, sino una de aquí y ahora. El que tiene al Hijo tiene la vida eterna. Así que, deja de asumir el papel de "víctima" ante los conflictos que te rodean y aprende a enfrentarte a ellos con valor, entereza y dignidad. Ese será tu primer reto. Ignoro sobre qué dintel de qué puerta estés parado ahora mismo. Tampoco sé de qué o cuál situación, condición o circunstancia en particular necesites ser liberado, pero de algo sí estoy bien segura, y es que si crees a la verdad de Dios contenida en este libro, esa verdad te hará libre (Juan 8:31). Te lo garantizo por la sencilla razón de que son verdades de Dios.

Por lo tanto, aprovecha la oportunidad que Él te está dando y disponte al cambio. Un cambio radical de mente y corazón. En este momento de tu vida lo que más cuenta para ese cambio es tu actitud. Ella será el común denominador en todo esto. Tu actitud ante la vida determinará el que las cosas obren a tu favor o en tu contra. Recuerda que Dios no es el adversario de tu causa; al contrario, trabaja a tu favor. La Biblia dice:

> "Porque yo sé los pensamientos que tengo acerca de vosotros, dice Jehová, *pensamientos de paz*, y no de mal, *para daros el fin que esperáis*" (Jeremías 29:11, énfasis añadido).

¿Ves? Lo único que Dios desea es tu paz, y ayudarte a cumplir con tu sueño más preciado. Ahora, ¡prepárate! ¡respira profundo!, porque comienzo de inmediato con las primeras preguntas de confrontación.

- ¿Eres de los que se frustran cuando se ven rodeado de problemas?
- ¿Ayudas a todo el mundo, pero a la hora de ayudarte a ti mismo no sabes cómo hacerlo?
- ¿Te sientes con frecuencia atrapado por las mismas circunstancias?

Ok, ¡tómate un "break"! Da una vuelta si quieres, pero sigue leyendo...

- ¿Te paralizas cuando te ves atravesando diversas pruebas de fe?
- ¿Vives sumergido en las profundidades de un constante agotamiento?
- ¿Llevas años lidiando con un sentir que no te has podido arrancar del corazón?
- ¿Te cuesta sobreponerte a tus estados de ánimo?
- ¿Hay alguna situación en particular que ya no puedes soportar?
- ¿Estás ahora mismo en un lugar en el cual no quieres permanecer más?

Entonces este libro fue hecho para ti. Será la antesala a tu liberación. La puerta de escape a las presiones de tu diario vivir. Las respuestas de Dios al clamor de tu corazón y a muchas de tus constantes preguntas. Te aseguro que saldrás de ahí, pero te advierto, que no será a tu modo, sino al modo de Dios. Él es el único que sabe lo que hace, cuándo lo hace, dónde lo hace, con quién lo hace, para qué lo hace y por qué lo hace. Él es Dios y punto. Creo que tu tiempo se ha cumplido. Este será un momento decisivo en tu vida. No lo dejes ir. Aprovéchalo al máximo. Como reza un dicho popular en mi país (Puerto Rico): "Nunca es tarde si la dicha es buena". Ahora acompáñame en esta extraordinaria aventura de fe, que será para ti una puerta que se abre en el camino.

*ADVERTENCIA:

Este libro contiene material de alta tensión. Se requiere que sea leído pausadamente porque en cualquier momento el Espíritu Santo estará tocando a la puerta de tu corazón. No lo dejes pasar de largo, invítalo a entrar, porque ese puede ser el momento en que tu vida cambie para siempre.

Introducción

El Dios que abre y cierra puertas

El verano de 1992 fue para mí una época realmente difícil. Dos experiencias cambiaron radicalmente el curso total de mi vida. Primero, la muerte de mi madre el 18 de julio, y segundo, mi partida de la isla de Puerto Rico el 10 de agosto de ese mismo año. Jamás olvidaré el día que tuve que abordar aquel avión con destino a la ciudad de Miami, Florida. ¡Parecía un sueño!, pero allí estaba yo, dispuesta y determinada por entero a hacer la voluntad de Dios.

¡A Él le doy toda Gloria!

Antes de salir de Puerto Rico, Dios me habló diciéndome:

"Hija mía, hay un libro que Yo te daré la inspiración para escribir. Todavía no ha llegado el tiempo, pero te encerrarás a escribir con profunda potencialidad. Vendrá un tiempo de adiestramiento. Te instruiré y te diré lo que debes hacer. No olvides que no ha sido el hombre quién te ha llamado, sino Yo, Jehová tu Dios".

Nunca imaginé que tres años después de aquellas palabras, Dios me pondría a prueba con relación al llamado. En 1995 me dijo que mi tiempo en "Morada de Paz" (Ministerio de sanidad interior y liberación al cual pertenecí por muchos años) había concluido, que Él tenía nuevos horizontes para mí. Recuerdo que pagué un precio alto por la renuncia, pero obedecí y regresé a la Florida, pues en ese tiempo vivía en Connecticut. Así fue que nació el Ministerio Evangelístico "En Alas de la Fe", que por la Gracia de Dios hoy dirijo para Su Gloria y Su Honra.

Regresé a Miami y comencé a evangelizar ministrando en diversas iglesias. También tuve la oportunidad de viajar a la República Dominicana, Chicago, Milwaukee, Indiana, Alabama, Massachusetts, Puerto Rico y todo el sur, centro y norte de la Florida. En 1998 a Dios le plació llevarme a la Iglesia "Templo de Restauración El Buen Samaritano", de las Asambleas de Dios, en Lake Mary, Florida, donde actualmente desempeño labores como Pastora asociada. Créeme que lo menos que consideré hacer dentro de la vida ministerial fue el compartir en algún momento la tarea de un pastor, pero así es el Señor. Me tenía reservada esa gran sorpresita. Al principio me sentí un poco extraña, porque ¡tú sabes como es esto!, todo cambio crea crisis. Pero a medida que transcurrió el tiempo, entendí que eso fue lo que me quiso decir el Señor cuando me habló de que vendría un período de preparación y adiestramiento, y que tendría la oportunidad para encerrarme. ¡Vaya si me encerró! Mi rutina de vida cambió por completo. Ahora estaba en un lugar fijo y con el tiempo suficiente para dos cosas importantísimas: escribir el libro y cuidar a mi padre terrenal.

Iniciado el año 2000 Dios volvió a hablarme y me dijo:

"Hija, ha llegado la hora de que escribas el libro del cual hace siete años te hablé". Era definitivamente el momento de Dios para que yo escribiera. La demanda se me hizo imposible de ignorar. Todas las personas que atendí en consejería durante ese año llevaban por dentro el mismo grito de angustia. Me decían: "Necesito que Dios me saque de aquí porque ya no aguanto más". Buscaban salir de alguna situación en particular. Personas que jamás pensaron caer en lo que cayeron, y en ese momento de su vida estaban atravesando una tremenda crisis que los tenía en el suelo. Hombres y mujeres de Dios, pero con unas problemáticas personales tan terribles que sus cargas conmovieron profundamente mi corazón.

¡Cuánta falta hace que aprendamos a escucharnos los unos a los otros sin escandalizarnos de nuestras problemáticas en la vida! Dios me puso a vivir ese verso de Romanos 12:15 que dice: "*Gozaos con los que se gozan; llorad con los que lloran*". ¡Si todos entendiéramos que de eso se trata el cristianismo, el trato sería diferente entre nosotros, los seres humanos! Habría más comprensión, más misericordia y compasión por los que sufren, independientemente de cuál sea el problema que acarrean.

Desde que Dios me libertó de mi vida de pecado, mi pacto con

Él fue que dondequiera que me llevara, yo testificaría ante el mundo lo que Cristo hizo por mí, y de dónde me había sacado. Así que, cuando Dios me habló acerca de escribir un libro, consideré rápidamente la idea de compartir mi testimonio en forma pública.

El libro se titularía: "Señor, sácame de aquí". Esa fue la frase con la que siempre me identifiqué desde niña, y también fue el clamor que me salvó de morir ahogada a mis veintiocho años de edad en un río del barrio Sabana de Luquillo, Puerto Rico, llamado "Las pailas del infierno". En el Volumen Dos que sigue a este libro, hablo con lujo de detalles acerca de ese incidente.

Amados, lo que Dios hizo por mí y en mí fue tan grande que me atrevo a parafrasear lo que dijo Jesús respecto a sus discípulos, cuando irrumpieron en alabanza al llegar al Monte de los Olivos, y los fariseos le pidieron a Jesús que los reprendiera. "Os digo que si esta callara, las piedras hablarían" (Lucas 19:40).

Fue entonces que me dediqué a recopilar apuntes y datos acerca de mi vida que tenía olvidados, y a orar al Señor pidiéndole sabiduría e inspiración para llegar al corazón de la gente a través de la palabra escrita. ¿Qué pasó luego? He aquí lo interesante...

Una mañana mientras meditaba y ponía en orden todo lo que había escrito hasta ese momento, estando en la oficina del templo sentí la visitación del Espíritu Santo y Su voz diciéndome claramente:

«Escribirás ese libro en dos partes. Harás un Volumen Uno y un Volumen Dos del mismo libro. Quiero que antes de que cuentes tu testimonio al mundo, expongas mi Palabra. Ve al libro de Génesis, localiza el capítulo seis y lee de corrido hasta el diecinueve fijándote cuidadosamente en la palabra `puertas´. Cada vez que ésta aparezca haz un alto, hay algo que te quiero mostrar en cada una de ellas».

Entonces fue que me fijé en:

- La puerta del Arca de Noé
- La puerta de la tienda de Abraham
- La puerta de Sodoma y Gomorra

El Señor me dijo:

«Yo soy el Dios que abro y cierro puertas. Muchos son los que diariamente me piden a gritos: "¡Señor, sácame de aquí!", pero es porque sólo están mirando a sus circunstancias y no me miran a mí realmente. Si lo hicieran, otras serían sus historias. Yo abrí hace tiempo la puerta de escape a los múltiples problemas que el hombre enfrenta. Lo único que tienen que hacer es dar un paso de fe y entrar por la Puerta. El terror que atormenta a muchos dentro de mi pueblo, es el desconocimiento que hay en ellos acerca de **quién Soy** y de la obra completa que **realicé** a favor de ellos en la Cruz del Calvario. Ha llegado la hora de que mi pueblo deje de percibirme e interpretarme de manera religiosa, y me permitan revelarme a su vida tal y cual Soy. Quiero que aprendan a vivir aquí en la tierra como ciudadanos y embajadores de mi Reino».

¡Cuán misericordioso es Dios y cuánto nos ama! ¡Qué paciente y benevolente ha sido, no queriendo que ninguno de nosotros se pierda, sino que todos procedamos al arrepentimiento! Su fidelidad es inmensamente grande. La Biblia dice que Él está sentado sobre el círculo de la tierra y desde allí gobierna y reina sobre todo. ¡Sea su Nombre Glorificado!

Cuando comprendí lo que Dios me encomendó hacer con este libro, mi espíritu se compungió dentro de mí. Entonces el Señor me dictó el contenido de este primer Volumen que tienes en tus manos. En cada tópico *describo* el estilo de vida en el cual vive mucha gente, cristianos y no cristianos, a causa de la ignorancia. *Descubro* la lucha existente entre nuestro sentir como humanos en contraste con los planes que tiene Dios para con cada uno de nosotros particularmente. *Expongo* el modo en que caminando con Cristo se puede salir de la mediocridad y vivir una vida abundante y de excelencia bajo los estándares que Dios ha establecido en Su Palabra.

Con este libro tus ojos serán abiertos, tu perspectiva de vida cambiará, dejarás de vivir sumergido en los lodazales de la queja y la lamentación, y aprenderás a ver a Dios en cada aspecto de tu vida. La Biblia dice que Dios ha pasado por alto el tiempo de la ignorancia y que ahora demanda a todos los hombres, en todo lugar, que se arrepientan de sus pecados. Pronto vendrá el día en el cual todos tendremos que comparecer ante el tribunal de Cristo para ser juzgados por lo que hicimos durante el tiempo que nos tocó vivir aquí en la tierra, hayan sido malas o buenas nuestras obras.

Me causa mucho dolor ver cómo la gente se hunde en su propia miseria diariamente por no conocer a Dios en forma real y personal. Pueblos enteros dando gritos para ser sacados de la maldición en la que viven, pero al mismo tiempo negándose a renunciar a sus creencias religiosas. Gente aferrada a conceptos, ideas y filosofías que los mantienen lejos de Dios, en lugar de acercarlos a Él.

Además, cada día que pasa me percato de que un gran porcentaje de los sufrimientos que atraviesa el hombre (y esto dicho en términos generales) se debe a la falta de arrepentimiento. No hay cosa que aleje más al ser humano de Dios, que el pecado. La gente ya no llora su pecado, y esto incluyendo a muchos cristianos también. ¿Lloras a menudo a causa de tus pecados? Entiéndase por llorar el pecado, la agonía interior que se produce cuando le fallamos a Dios, aún en lo más mínimo. No me refiero a remordimiento, sino a arrepentimiento.

En mi relación con Dios lo que más amo es mi comunión con Él, y el día que la siento interrumpida, me examino a mí misma, pues sé que si algo anda mal el problema está en mí y no en Él.

Observa lo que dice la Palabra al respecto:

> "He aquí que no se ha acortado la mano de Jehová para salvar, ni se ha agravado su oído para oír; *pero vuestras iniquidades han hecho división entre vosotros y vuestro Dios*", (Isaías 59:1-2a, énfasis añadido).

El pecado es cosa terrible. Trae consigo castigo, maldición y juicio. Es el estar lejos de Dios lo que produce precisamente tanto dolor. ¡Si entendiéramos esto! Cuando el hombre persiste en llevar una vida pecaminosa, el mismo pecado acaba con él y lo destruye. En cambio, si reconoce su pecado y se vuelve a Dios en confesión y arrepentimiento, su perspectiva de vida cambia y aunque vengan situaciones difíciles (que de hecho van a venir) la diferencia está en que puede vencer cualquier circunstancia en el nombre de Cristo, y vivir de manera victoriosa (Filipenses 4:13).

A partir del momento en que alguien se convierte a Jesucristo, no hay nada que pueda separarlo de Dios. Ni la muerte, ni la vida, ni ángeles, ni principados, ni potestades, ni lo presente, ni lo por venir, ni lo alto, ni lo profundo, ni ninguna cosa creada puede separarlo del amor de Dios que es en Cristo Jesús, Señor nuestro (Romanos 8:38-39).

¡Atiéndeme bien! Si eres del tipo de persona que por causa de los problemas que te rodean tiendes a sufrir excesivamente, pídele a Dios que te enseñe a convertir tu dolor en poder de lo alto. Te aseguro que se puede. El dolor es un principio de vida que con la ayuda de Dios tienes que aprender a manejar efectivamente. Cuando logras desarrollar esto en la vida, los conflictos se convierten en bendición y en una tremenda oportunidad para crecer y madurar.

El apóstol Pablo dijo:

"Por tanto, de buena gana me gloriaré más bien en mis debilidades, *para que repose sobre mí el poder de Cristo*" (2 Corintios 12:9b, énfasis añadido).

Eso sí, te darás cuenta que para ver la vida como Dios la ve, necesitarás un transplante de córnea con urgencia. Jesús dijo:

"La lámpara del cuerpo es el ojo; *así que, si tu ojo es bueno, todo tu cuerpo estará lleno de luz; pero si tu ojo es maligno, todo tu cuerpo estará en tinieblas.* Así que, si la luz que en ti hay es tinieblas, ¿cuántas no serán las mismas tinieblas?" (Mateo 6:22-23, énfasis añadido).

¿Qué quiere decir esto? Que mirar a Dios, mi amigo, es un ejercicio diario, y para poder hacerlo correctamente necesitas venir a la luz. Si con tus ojos físicos contemplas lo externo, necesitarás ojos espirituales para contemplar realmente tu interior. La forma en que miras las cosas determinará el modo cómo las vas a interpretar. Si se te hace difícil aceptar estas palabras, observa lo que Jesús dijo cuando atravesaba uno de los momentos más dolorosos de su vida, y lo dijo estando cien porciento en su calidad de hombre.

"Veréis al hijo del hombre *sentado* a la diestra del poder de Dios, y *viniendo* en las nubes del cielo" (Marcos 14:62, énfasis añadido).

¡Tremenda proyección mi hermano! Esto es lo que yo llamo visión de altura. Aún no había entregado su vida y ya se concebía en reposo y viviendo en gloria. No cabe duda que Cristo con su ejemplo nos enseña a vivir una vida de excelencia, con la mirada puesta siempre hacia el futuro, nunca hacia el pasado, pues nuestro destino ha sido ya trazado por el Padre Celestial.

Estas son las cosas que en lo personal, me inspiran a vivir la vida cristiana. Y a ti, ¿qué es lo que te inspira?

No está demás señalar que los factores que puedan estar afectando tu vida en estos momentos pueden ser muchos, variados y diversos. Pero lo importante ante todo, como te señalé anteriormente, está en la actitud que asumes. **Tu actitud ante la vida marcará tu destino para bien o para mal.** ¿¡Entiendes!?

Nada ni nadie podrá detenerte de llegar hacia la meta final, si voluntariamente e incondicionalmente decides ponerte en las manos del Dios vivo y verdadero. Podrá venir el vendaval y vientos contrarios a arremeter contra tu fe, pero la paz que Cristo da jamás te la podrán robar, porque es parte de tu herencia en Él.

Jesús dijo claramente que estas cosas las había hablado para que tuviésemos paz en Él, y que en el mundo tendríamos aflicciones, pero que confiáramos porque Él había vencido al mundo. **¡Bendito sea Su Nombre!**

En toda esta dinámica de vida no basta con saber que allá en el cielo hay un Dios; hay que conocerlo personalmente. Hasta que no se tiene un genuino encuentro con Él, la vida es solamente existencia, sin una verdadera razón de peso para vivir y sin un motivo legítimo por el cual luchar. No te engañes. Seguir las pisadas del Maestro cuesta un gran precio. Él no exige menos que obediencia absoluta. Es la única manera de hacer prosperar tu camino y que todo te salga bien (Josué 1:8).

Déjame advertirte otra cosa más: vive y disfruta de la vida, pero procura que no sea a "tu manera", sino dentro de los parámetros y los límites establecidos por Dios en su Palabra, para el bienestar y provecho espiritual de tu alma. El que vive "la vida loca", como dice una canción, tarde o temprano tendrá que rendirle cuentas a Dios. El momento de comparecer ante el Gran Tribunal de Cristo para ser juzgado, llegará y a esto nadie puede escapar.

Como está escrito:

> "Porque es necesario que todos nosotros comparezcamos ante el Tribunal de Cristo, para que cada uno reciba según lo que haya hecho mientras estaba en el cuerpo, sea bueno o sea malo" (2 Corintios 5:10, énfasis añadido).

En otras palabras, esto es una confrontación colectiva e individual. Así que, te amonesto a no ser necio. Deja de alimentar tu ego. Si mueres antes de que suene la trompeta final, procura que en tu lápida pueda leerse lo siguiente:

"Aquí yacen los restos de uno que vivió sabiamente para con Dios, su prójimo y consigo mismo".

No quieras acabar como el personaje que menciona el evangelista Lucas, que dijo:

> "Esto *haré*: *derribaré* mis graneros, y los *edificaré* mayores, y allí *guardaré* todos mis frutos y mis bienes; y *diré* a mi alma: Alma, muchos bienes tienes guardados para muchos años, repósate, come, bebe, regocíjate. Pero Dios le dijo: Necio, esta noche vienen a pedirte tu alma y lo que has provisto, ¿de quién será?" (Lucas 12:18-20, énfasis añadido).

He ahí cómo Satanás se disfraza detrás del Yo. Aquel necio vivió solamente para autocomplacerse, era unególatra y al final sólo se llevó la gran sorpresa de una muerte repentina. Ya lo dijo Salomón: *"Vanidad de vanidades, todo es vanidad"* (Eclesiastés 1:1-2).

La palabra vanidad quiere decir "vacío". Es increíble que lo dijera el hombre más rico del mundo y por el cual corría un linaje de realeza. David, su padre dijo: *"El hombre como la hierba son sus días; florece como la flor del campo, que pasó el viento por ella y pereció, y su lugar no la conocerá más"* (Salmo 103: 15-16).

Por eso, si estás leyendo este libro y todavía no conoces personalmente a Jesucristo como tu Salvador y Señor, es decir, que nunca lo has invitado a entrar a tu corazón para guiar tu vida, te invito a orar conmigo en voz alta, dondequiera que estés. La puerta está abierta. Hazlo antes de que sea demasiado tarde:

> "Dios que estás en los cielos, vengo a ti en el nombre de Jesucristo, tu hijo amado, reconociendo y confesando delante de ti que soy pecador. Perdona mis pecados y mis rebeliones. Límpiame de toda maldad, lávame con tu preciosa sangre y escribe mi nombre en el libro de la Vida. Aquí y ahora confieso que renuncio al mundo de tinieblas y a Satanás, la serpiente antigua. Creo que Jesucristo es el Señor, el hijo de Dios, venido en carne, que murió en la cruz del Calvario y que resucitó al tercer día, y en su muerte y resurrección me ha dado vida y me la ha dado en abundancia. Acepto a Jesús como mi único y suficiente Salvador, lo invito a entrar a mi corazón ahora, a vivificar mi espíritu, regenerar mi alma y hacer de mí una nueva criatura en Cristo Jesús. Amén."

¡Bienvenido a la familia de Dios! Acabas de tomar la decisión más grande de tu vida.

Ahora bien, a aquellos que están descarriados como el hijo pródigo, los amonesto; no vacilen en volver a la casa del Padre Celestial a reconciliarse con Él. El tiempo que queda es muy corto. La puerta aún está abierta, pero pronto se cerrará y lo que ocurrirá en la tierra será una terrible y horrenda expectación de juicio cual nunca antes ha habido, ni la habrá jamás. No lo pienses más ni lo dejes para luego, porque el mañana para ti puede ser muy tarde. ¡Escapa por tu vida ahora mismo!

La Palabra de Dios te dice:

> "Pero mientras ellas iban a comprar, vino el esposo; y las que estaban preparadas entraron con Él a las bodas; *y se cerró la puerta*. Después vinieron también las otras vírgenes, diciendo: ¡Señor, Señor, ábrenos! Mas Él, respondiendo, dijo: De cierto os digo, que no os conozco. *Velad, pues, porque no sabéis el día ni la hora en que el Hijo del Hombre ha de venir*" (Mateo 25:10-13, énfasis añadido).

Finalmente, para ti que eres creyente en Cristo Jesús, pero estás indiferente y apático hacia las cosas de Dios, es hora que despiertes de ese sueño. Examina el por qué estás así. Haz un inventario de tu vida y vuélvete a tu primer amor. Jesús está esperándote con los brazos abiertos para bendecir tu vida y la de tu familia.

Llegó la hora... comencemos con esta aventura de fe, y aunque te parezca un poco dura la travesía, no ceses de leer el libro hasta el final. **La primera parada será frente a la puerta del Arca.** Veamos que tiene Dios para enseñarnos a través de ella.

Aquí estamos, de frente a la primera puerta. La puerta del arca de Noé. ¡Impresionante ¿verdad?! ¿A que nunca imaginaste que Dios te confrontaría con algo así? No, ni yo tampoco. Para mí, la historia de Noé era sólo eso: "la historia de Noé". Lo que pasa es que cuando Dios se empeña en llegar al corazón del hombre usa lo inimaginable: un baúl flotante, un asna, una zarza ardiendo en un monte, un sicómoro sembrado en el camino, un pozo de agua en el desierto, un resplandor de luz, lo que sea. Su único interés es ¡salvarnos!, pero a los moradores de la tierra en la época de Noé, eso les importó poco o nada.

—¿Llover?

—¡Ridículo! Aquí nunca ha llovido.

—¿Quién le dijo a este loco que lloverá sobre la tierra?

—Eso jamás ocurrirá.

—¡Bah! A otro perro con ese hueso... ¡Buh, buh!

Y se burlaron como muchos hoy en día se burlan, cuando la iglesia de Cristo anuncia, con una profunda pasión, que Cristo viene pronto. El diluvio, mi amigo, fue y es un hecho innegable en la historia de la humanidad. El juicio fue inminente, y la Palabra de Dios a Noé, firme. Nada lo haría dar marcha atrás. Había una razón de gran peso. La hediondez del pecado había subido a la presencia de Dios.

> "Dijo, pues, Dios a Noé: He decidido el fin de todo ser, *porque la tierra está llena de violencia* a causa de ellos; y he aquí que Yo los destruiré con la tierra. Hazte un arca de madera de gofer; harás aposentos en el arca, y la calafatearás con brea *por dentro y por fuera.* Y de esta manera la harás; de trescientos codos de longitud del arca, de cincuenta codos su anchura y de treinta codos su altura. *Una ventana* harás al arca, y la acabarás a un codo de elevación por la parte de arriba; y pondrás *la puerta* del arca a su lado; y le harás piso *bajo, segundo y tercero.* Y lo hizo así Noé; hizo conforme a todo lo que Dios le mandó" (Génesis 6:13-16 y 22, énfasis añadido).

Amigo lector, la Biblia dice que Dios no puede ser burlado; que lo que el hombre siembra eso también es lo que cosecha. Si siembra para la carne, de la carne segará corrupción; mas si siembra para el Espíritu, del Espíritu segará vida eterna (Gálatas 6:7). ¿Dónde estás sembrando tú? ¿Será posible que todavía no hayas aprendido nada de tus propios errores? ¿Qué estás esperando?

Hay que estar espiritualmente ciego para no darse cuenta de que la tierra desde sus entrañas también está clamando: ¡Señor, sácame de aquí! Ella es la primera en darnos el ejemplo.

La Biblia dice:

> "Porque el anhelo ardiente de la creación es el aguardar la manifestación de los hijos de Dios. Porque la creación fue sujetada a vanidad, no por su propia voluntad, sino por causa del que la sujetó en esperanza; porque también la creación misma será libertada de la esclavitud de corrupción, a la libertad gloriosa de los hijos de Dios. Porque sabemos que

toda la creación gime a una, y a una está con dolores de parto hasta ahora; y no sólo ella, sino que nosotros también gemimos dentro de nosotros mismos, esperando la adopción, la redención de nuestro cuerpo" (Romanos 8:19-23).

Pronto, mi amado amigo y hermano, muy pronto, Dios cumplirá Su promesa y la tierra al fin será libre de la esclavitud a la cual fue sujeta. Pero en esta ocasión, el juicio no será por agua, sino por fuego. Observa...

"Pero el día del Señor vendrá como ladrón en la noche; en el cual los cielos pasarán con grande estruendo, y los elementos ardiendo serán deshechos, y la tierra y las obra que en ella hay serán quemadas" (2º Pedro 3:10).

¡Qué gloriosa esperanza la que nos espera! Si Dios no vaciló en cumplir Su palabra en la época de Noé, tampoco vacilará cumpliéndola en nuestros días.

La puerta del Arca era la salvación para el hombre, pero se cumple lo que dicen las Escrituras: muchos son los llamados y pocos los escogidos. Lo mismo que ocurrió en la época de Noé está sucediendo hoy en día.

"Mas como en los días de Noé, así será la venida del Hijo del Hombre. Porque como en los días antes del diluvio estaban comiendo y bebiendo, casándose y dando en casamiento, hasta el día que Noé entró en el arca, y *no entendieron hasta que vino el diluvio* y se los llevó a todos, así será también la venida del Hijo del Hombre..." (Mateo 24:37-39, énfasis añadido).

A la humanidad parece no importarle nada hasta que le llega el día malo. Por eso es que el momento de Dios no se puede pasar por alto; hay que hacer lo que Él diga aunque las circunstancias muestren lo contrario. Una vez más, Dios reafirma ante el hombre su promesa de salvación, dándole otra oportunidad de vida. La Biblia dice:

"Mas estableceré mi pacto contigo, y entrarás en el arca tú y tus hijos, tu mujer, y las mujeres de tus hijos contigo. Y de todo lo vive, de toda carne, dos de cada especie meterás en el arca, *para que tengan vida* contigo; macho y hembra serán. De las aves según su especie, y de las bestias según su especie, dos de cada especie entrarán contigo *para que tengan vida.* Y toma contigo de todo alimento que se come, y almacénalo, y servirá de sustento para ti y para ellos" (Génesis 6:18-21, énfasis añadido).

Este ha sido Su eterno deseo; que Sus hijos tengan vida y la tengan en abundancia (Juan 10:10). ¿Te das cuenta cuán grande ha sido Su misericordia para con nosotros? ¡Sea Su Nombre Glorificado por siempre!

Es hora que conozcas al Dios que gobierna sobre toda carne

Creo que si cada mañana al despertar tomáramos el tiempo suficiente para ingerir una buena porción bíblica sobre la Soberanía de Dios, pasaríamos el resto del día en completa paz y sin turbaciones repentinas.

"Y conozcan que tu nombre es Jehová, Tú solo Altísimo sobre toda la tierra" (Salmo 83:18).

No hay terapia más efectiva para el corazón humano que el vivir confiado de que Dios tiene en el cielo el control de todas las cosas. ¡Hey! Con esto no estoy diciendo que todas las cosas que pasan en la tierra las origina Dios. Es decir, lo malo no procede de Él (Santiago 1:13). Responsabilizar a Dios como autor de todo lo que ocurre aquí en la tierra es dar muestras de no tener ningún conocimiento de Él ni de las leyes y los principios que rigen este universo caído.

¿Quién se cree ser el hombre para atreverse a sentar a Dios en el banquillo de los acusados y juzgar sus acciones? Nos libre el Señor de caer en semejante pecado de arrogancia y rebelión, y tenga misericordia de los que tienen ese tipo de mentalidad maquiavélica. Observa conmigo el siguiente pasaje bíblico:

"Escribe al ángel de la iglesia en Filadelfia; Esto dice el Santo, el Verdadero, *el que tiene la llave de David,* el que abre y ninguno cierra, y cierra y ninguno abre: Yo conozco tus obras; *he aquí, he puesto delante de ti una puerta abierta,* la cual nadie puede cerrar; porque aunque tienes poca fuerza, has guardado mi palabra y no has negado mi Nombre" (Apocalipsis 3:7-8, énfasis añadido).

He aquí la puerta de Salvación.

Cuando leí este verso por primera vez, recordé la noche en que, bajo un estado de profunda desesperación, le pedí al Señor que me sacara de una depresión que estaba acabando conmigo. Mi vida era un caos total. Sentía que iba rumbo al infierno, a pesar de que asistía a la iglesia con regularidad y hasta tenía responsabilidades como líder. No había podido vencer algo que, para aquel entonces, era más fuerte que yo: mi vida de pecado. ¡Sí, leíste bien! Mi vida de pecado.

¿Será posible que alguien esté en la iglesia y a la vez viva atado por el pecado? ¿Habrá quien sinceramente le haya dado el corazón a Dios y todavía luche en su interior con una situación que no se atreve a decirle a nadie? Sí, es posible. Yo era una, y ahora mismo frente a este libro hay muchos que se encuentran en la misma condición que estaba yo. Podrías ser tú uno de ellos. Independientemente de cual haya sido tu experiencia en la vida religiosa, quiero decirte que el pecado es algo devastador y destructivo. Por más bueno que te sientas, la inclinación a pecar está en tu naturaleza humana y es algo con lo que tienes que batallar a diario. La carta a los Hebreos lo dice claramente:

"Porque aún no habéis resistido hasta la sangre, combatiendo contra el pecado" (Hebreos 12:4).

Resistir y combatir... ésta es la lucha sin cuartel a la que todos diariamente nos enfrentamos. Y a mí me llegó el día. Tuve que tocar fondo para darme cuenta que iba camino a la autodestrucción. De no ser porque una noche, de rodillas y de cara al suelo, le pedí a Dios en arrepentimiento que me ayudara a salir de aquella crisis, no sé qué hubiera sido de mí.

¡Ciertamente la oración de fe y de arrepentimiento cambia todas las cosas! Después de aquel intenso clamor, el Señor abrió delante de mí una puerta. ¡Jamás olvidaré el sábado 29 de mayo de 1984! Esa noche, por primera vez oí la voz audible de Dios decirme: "Te he abierto una puerta y he traído a tu casa la liberación que tanto me pediste. Ahora, ¿qué vas a hacer con tu vida?".

Lo que siguió a esa experiencia, mi amado lector, dependió única y exclusivamente de la decisión que tomé aquella noche y los días subsiguientes. La vida es un asunto de decisiones. Dios ya había hecho su parte, me tocó a mí en ese momento hacer la mía. La Biblia dice:

> *"Si no oyereis, y si no decidís de corazón* dar gloria a mi nombre, ha dicho Jehová de los ejércitos, enviaré maldición sobre vosotros y maldeciré vuestras bendiciones; y aun las he maldecido, porque no os habéis decidido de corazón" (Malaquías 2:2, énfasis añadido)

He aquí el problema de mucha gente. No toman decisiones con el corazón. Por lo tanto, jamás hacen lo que dicen creer. El oír para Dios está relacionado con el hacer. Y el hacer es una decisión que se tiene que tomar con el corazón para que sea válida ante Sus ojos.

Es con el corazón que se cree para justicia y con la boca que se confiesa para salvación. (Romanos 10:10). De igual modo son todas las cosas concernientes a la vida cristiana, la vida del Reino. ¿Será acaso ese tu problema, el no haber tomado decisiones de corazón? Porque consejos y amonestaciones no te han faltado y tú lo sabes muy bien. ¡Auch! Te dolió ¿verdad? A mí también.

La noche que Dios trató conmigo, llantos, sollozos y temblores me cubrieron de pies a cabeza, entonces fue cuando clamé y dije: "¡Señor, sácame de aquí!". ¿Sabes lo que Él me respondió?: "La puerta está abierta. Levántate, camina y atraviésala en fe. Renuncia a ese estilo de vida que llevas y sígueme. Vamos, yo te ayudo".

En otras palabras, mi problema era un asunto de decisión. Fue un acto de entera confianza en Dios. Te confieso que al principio me dio mucho miedo, porque aunque estaba en la iglesia, mi cabeza estaba llena de un sinnúmero de conceptos deformados acerca de Dios, que me impedían acercarme a Él como era debido. La culpa me tenía atada. Hasta ese momento las experiencias que había vivido fueron religiosas. Mi cabeza estaba atestada de dogmas, tradiciones huecas y vacías, y doctrinas de hombres.

Ese es el daño que te haces cuando crees todo lo que la religión (sea cual fuere) te enseña con respecto a quién es Dios. A Él no se lo puede conocer por información de segunda mano. La experiencia con Dios tiene que ser personal. Yo sé que Él se revela de variadas y diversas formas, eso no lo pongo en tela de juicio, pero a lo que me refiero es que el modo más seguro de conocerlo es a través de la revelación progresiva de Su Palabra haciéndose real en ti. El apóstol Pedro, que anduvo con Jesús durante tres años y medio, dio testimonio de esto cuando dijo:

> "Porque no os hemos dado a conocer el poder y la venida de nuestro Señor Jesucristo siguiendo fábulas artificiosas, sino como *habiendo visto con nuestros propios ojos* su majestad. Pues cuando Él recibió de Dios Padre honra y su gloria le fue enviada desde la magnífica gloria una voz que decía: Este es mi Hijo amado, en el cual tengo complacencia. *Y nosotros oímos esta voz enviada del cielo, cuando estabamos con Él en el monte santo. Tenemos también la palabra profética más segura,* a la cual hacéis bien en estar atentos como a una antorcha que alumbra en lugar oscuro, hasta que el día esclarezca y el lucero de la mañana salga en vuestros corazones; entendiendo primero esto, que ninguna profecía de la Escritura es de interpretación privada, porque nunca la profecía fue traída por voluntad humana, sino que los santos hombres de Dios hablaron siendo inspirados por el Espíritu Santo" (2º Pedro 1:16-21, énfasis añadido).

¡Majestuosa palabra! El problema de muchos es que quieren oír la voz de Dios, pero no están dispuestos a obedecerla. Aprovecho el momento para amonestarte a que busques a Dios con profundidad. No reduzcas o limites tu vida cristiana solamente a experiencias dentro del templo y nada más. Aprende a vivir como un hijo del Reino. No te entregues a una vida de amarga religiosidad privándote de la hermosa experiencia de andar con Dios. La experiencia que salvó la vida de Noé y su familia fue precisamente esa, que él caminó con Dios y fue hallado justo en medio de su generación (Génesis 6:9).

Yo pregunto: ¿Caminas tú con Dios? ¿Podrá decir Él lo mismo de ti en medio de la generación en la que vives? ¿Lo conoces realmente o sólo has oído hablar de Él? No te conformes con conocer sus obras, conócelo a Él (Salmo 103:7). Tampoco vayas de un lugar a otro como si fueras una chiringa o un papalote empujado por el viento en busca de experiencias místicas, emocionales o religiosas para entretener tu alma. No te engañes a ti mismo.

Es importante que entiendas que en los momentos de crisis eso de nada te sirve. Las emociones son hoy, y mañana no están para respaldarnos. Mi hermano, para enfrentar la vida y los conflictos que en ella hay, necesitas desarrollar carácter cristiano y ser un creyente de calidad. Eso lo logras permaneciendo en Dios, en el vínculo de una relación personal y en la plena confianza de lo que ha dejado dicho en Su Palabra. Siempre amparándote en la esperanza de Sus promesas, porque ellas son fieles y verdaderas (Hebreos 10:23, 35-36). La Biblia dice que el justo por su fe vivirá. Vivir por fe no es frase exclusiva de los Evangelistas de antaño; es de todos los que hemos conocido a Dios.

Caminar con Dios nada tiene que ver con religión. No, no, y mil veces no. El Señor reprenda al diablo. La religión es un veneno mortal, te liquida en menos tiempo del que te puedes imaginar. La relación con Dios enriquece tu alma y te permite dar frutos, en cambio la religión mata tu fe. Es importante que aprendas a ir de la mano con Dios. Vive un día a la vez, para que evites la ansiedad desmedida. Aprende a aceptar con humildad cuando Él desaprueba alguno de tus caprichos, y obedécelo sin argumentarle nada. No olvides que estás tratando con Dios. Vive alerta y preparado para lo que sea. Con la completa certeza de saberte siempre acompañado de Su maravillosa presencia. Él prometió estar contigo todos los días de tu vida, y así es aunque por momentos no lo sientas.

Yo le doy gracias a Dios por haber producido en mí tanto el querer como el hacer, por su buena voluntad, y por permitirme gozar de eterna salvación en Cristo Jesús. Él es el Dios que cuando nos ve determinados y dispuestos a la obediencia, hace lo que tenga que hacer con tal de restaurarnos. Se mete en el "meollo" (núcleo o corazón de las cosas) más grande de nuestra vida y nos saca de ahí, porque nos saca, te lo aseguro.

La Biblia dice que si primero hay la voluntad dispuesta será acepta según lo que uno tiene, no según lo que no tiene (2º Corintios 8:12).

He aprendido también en todo esto, que es Dios en su Soberanía quien controla la puerta de las oportunidades en la vida del hombre. No son las estrellas, los astros ni los síquicos con sus predicciones engañosas los que tienen el control del mundo. Ni las cosas creadas en las cuales el hombre natural ha puesto su confianza (Deuteronomio 18:9-12).

Ningún hombre, por más influencias políticas, económicas o religiosas que tenga, podrá abrir o cerrar puertas. Dios es el único que tiene ese exclusivo poder. Por eso es que es Dios. ¿No crees? La puerta del arca fue cerrada por Él y nadie la pudo abrir hasta que Él mismo lo determinó. ¿No te satisface saber que si Dios está de tu lado no hay nada que temer? Ninguno como Él para saber cuándo es el momento preciso para efectuar un cambio o una promoción en tu vida. Así que no gastes energías en vano, espera en Él y Él hará.

La Biblia dice que Él manda y las cosas suceden (Salmo 33:9; Salmo 148:5-6). Porque de Él, y por Él, y para Él son todas las cosas (Romanos 11:36). El Altísimo es el que tiene el dominio en el reino de los hombres, y lo da a quien quiere (Daniel 4:31-32). Él es quien pone reyes y quita reyes (Daniel 5:21). Él es el que abre las puertas que el hombre cierra, y cierra las puertas que el hombre abre (Isaías 22:22). Además, todo lo que hace es generado por Su amor. ¿Qué te parece? Ante estas declaraciones bíblicas, ¿necesitaremos de alguna "palita" para alcanzar logros en la vida? De ninguna manera.

Gracias a ese conocimiento adquirido, es que cuando me he movido como Evangelista, nunca he tenido que llamar o pedir a nadie que me abra puertas para el ministerio. Para la gloria de Dios lo digo, pues Él es quien siempre me organiza la agenda. Cuando sabes que fue Dios quien te llamó, aprendes a esperar en Él y Dios mismo se encarga de abrirte paso en el tiempo de su perfecta voluntad. El apóstol Pablo creía ciegamente en esto, por eso dijo:

> "Pero estaré en Éfeso hasta pentecostés; *porque se me ha abierto puerta grande y eficaz* y muchos son los adversarios" (1º Corintios 16:8-9, énfasis añadido).

Recuerda, pueden ser muchos los adversarios de tu causa, pero no pueden impedir que se te abran las puertas cuando es el momento de Dios. No hay diablo, ni demonio, ni infierno que lo impida. Eso sí, no permitas que nada te amarre a los hombres. En este caminar cristiano he visto a muchos hombres de Dios con ministerios poderosísimos frustrados, porque viven atados a sus movimientos conciliares más que a Dios. No permitas que ningún hombre aquí en la tierra te manipule, llámese como se llame. Sé agradecido, pero no te ates a nada ni a nadie. No es lo mismo estar bajo autoridad que ser esclavo de los hombres. Lo que eres se lo debes sólo a Dios que fue quien te salvó.

Ahora bien, permíteme explicarte qué significa el que una puerta se abra. Una puerta puede tipificar varias cosas: un lugar de acceso por donde se entra o se sale, una oportunidad que se te presenta en la vida, una ocasión de parte de Dios. Cuando una puerta se cierra, debes creer que otra está próxima a abrirse. Y que será mejor que la anterior. Así que, no hay razón por la que tengas que vivir amargado, frustrado o molesto, ni con Dios, ni con la gente que te rodea.

Tu momento llegará cuando menos lo imagines, el Señor Jesucristo te pondrá en gracia y te promoverá a otro nivel de vida. Te habla la voz de la experiencia. Lo de Dios es llevarnos de gloria en gloria y de triunfo en triunfo en Cristo Jesús (2º Corintios 2:14).

Debes aprender a discernir cuándo es el tiempo de salir y cuándo es tiempo de entrar. Tienes que aprender a serle fiel a Dios en todo momento. Recuerda que le sirves por amor y porque Él es digno de ser servido, nunca para devengar egoístamente "panes y peces".

Quiero, al mismo tiempo, señalarte que si por esas "causas de la divinidad" todavía hay cosas en tu vida que no has podido lograr, pueden ser varias las razones. Lo más seguro es que el Señor te tiene atravesando por un proceso de enseñanza-aprendizaje. Cuando te vea apto, seguro que te dará lo que anhelas, siempre y cuando esté dentro de Su perfecta voluntad. Pues Dios no da cosas cuando sabe que nos pueden dañar en el camino.

Nosotros le costamos un precio muy alto como para perdernos en el proceso. Otras cosas, sencillamente serán concebidas después, cuando adquieras madurez. Por lo tanto, tranquilo. No permitas que tus rebeliones, la incredulidad, las niñerías emocionales que arrastras en tu vida o tu actitud negativa al mirar tus circunstancias, prolonguen más el proceso. Te advierto que Dios no tiene prisa y que en su camino no existen atajos. De modo que, acepta el trato de Dios y sé humilde (1º Pedro 5:6).

Todo es mejor en el tiempo del Señor (Eclesiastés 3:11). No cometas el mismo error que la mayoría de la gente cuando, en su ignorancia, se valorizan y se alaban los unos a los otros por lo que tienen o por lo que hacen, mas no así los que hemos conocido a Dios.

Dios dijo:

> "No se alabe el sabio en su sabiduría, ni en su valentía se alabe el valiente, ni el rico se alabe en sus riquezas. Mas alábese en esto el que se quiera alabar; *en entenderme y conocerme*, que yo soy Jehová, que hago misericordia, juicio y justicia en la tierra; porque estas cosas quiero, dice Jehová" (Jeremías 9:23-24, énfasis añadido).

Aquí está la primera clave del éxito. El Señor está interesado, más que cualquier otra cosa, en que lo conozcas, en desarrollar tu carácter cristiano y tu integridad como hombre y mujer de Dios. Lo que eres ante Él, debe estar por encima de lo que haces para Él. Tú no puedes adquirir identidad de las cosas que haces, porque el día que Dios decida cambiarte la tarea o simplemente te diga que lo que haces ya no lo vas a hacer más, si no lo conoces en Su obrar, puedes destruirte emocional, mental y hasta espiritualmente. Ahí es donde muchos han errado en cuanto al poder, ignorando también las Sagradas Escrituras. Así que, por favor acepta el proceso de Dios y no lo maldigas. No te hagas daño a ti mismo.

PROCESO ES UNA PALABRA DIFÍCIL DE ACEPTAR

Siempre recuerdo que la primera palabra que aprendí en el tiempo de mi sanidad emocional, y la más difícil de asimilar, fue "proceso". Cuando hacía alguna pregunta con relación a mis luchas internas y diarias, siempre se me decía lo mismo: "mija" esto es un proceso.

Cuando hablo de proceso quiero ser clara. Me refiero a ese conjunto de fases sucesivas (una detrás de la otra) que enmarcan la vida misma. Desde el instante de la concepción (Salmo 139:16), hasta que enfrentas la muerte física al final de tus días. Cada etapa que atraviesas, cada momento que vives. La lucha del diario vivir; la dinámica constante que se da dentro del matrimonio. La familia, el trabajo, la iglesia, la vida social y todo tipo de actividad en la que haya interacción de personalidades e intercambio de impresiones.

El proceso también es, entre otras cosas, la herramienta eficaz que, unida con el tiempo, Dios utiliza para moldearnos el carácter y tratar con nuestro temperamento. En el proceso es que descubrimos de qué material estamos hechos. Es como pararse frente a un gran espejo. Descubrimos cuánto orgullo todavía nos queda. Igualmente, nos percatamos de cuán autosuficientes o dependientes de Dios somos. Si profesamos ser humildes o somos unos rebeldes sin causa. Adultos maduros o niños emocionales. Es en ese mismo proceso que Dios nos prueba, quebranta, prepara, moldea, pule, refina y consuela. En el proceso es que nos damos cuenta de que siempre hay algo más por qué alabar a Dios y por qué glorificarlo (Salmo 42:11).

Hoy, después de treinta y dos años de haberme convertido a Jesucristo, bendigo todo ese proceso por el que Dios me ha llevado y en el que aún estoy. Si no hubiese sido así, no sería quien soy ni estaría haciendo lo que hago, para Su gloria y honra. Además, es importante saber que mientras estemos en un estuche de carne y hueso atravesaremos procesos contínuos y variados cuyo propósito es conformarnos a la imagen de Cristo (Romanos 8:28-29). ¿No crees que vale la pena ser procesados? Yo sí lo creo, y lo pido a diario, aunque me duela.

LA PREGUNTA ES... ¿POR QUÉ DUELE TANTO?

Los procesos duelen mayormente porque en conjunto es lo que Dios utiliza para realizar en nosotros cirugías correctivas al corazón. Estamos tan habituados a ser de cierta y determinada manera en la vida, que Dios ve necesario quebrantarnos interiormente. Fíjate que lo primero que nos pide cuando nos llama es el corazón, porque su propósito es el tratar de cerca con nuestras actitudes.

"Dame, hijo mío, tu corazón, y miren tus ojos por mis caminos" (Proverbios 23:26).

El corazón y los ojos, ¡tremenda combinación! La obra del Espíritu Santo ha sido siempre una obra de adentro hacia afuera (1º Tesalonicenses 5:23). Ante todo, lo que Dios desea es impartir salvación, es decir, que el espíritu del hombre vuelva a la vida (Efesios 2:1). Luego, regenerar su alma, asiento de pasiones, emociones, sentimientos, voluntad, pensamientos y toma de decisiones. Dichos cambios se logran únicamente por medio de la fe, el lavamiento de la regeneración y la renovación en el Espíritu Santo, cuando uno se somete a Dios voluntariamente (Tito 3:5-6, Romanos 12:1-3).

Quiero decirte que a pesar de que la salvación del alma es un regalo de Dios que se adquiere por la fe, el hombre tiene una participación directa y una responsabilidad muy seria y grande que asumir al respecto.

Una vez que eres salvo, Dios comienza a tratar con todos los males que están en tu interior. ¿O acaso no notas que mientras más te acercas a la luz, más imperfecciones te ves? Así también ocurre cuando la luz de Cristo penetra el corazón del hombre.

"Porque *de dentro* del corazón de los hombres, salen los malos pensamientos los adulterios, las fornicaciones, los homicidios, los hurtos, las avaricias, las maldades, el engaño, la lascivia, la envidia, la maledicencia, la soberbia, la insensatez. Todas estas maldades *de dentro* salen, y contaminan al hombre" (Marcos 7:21-23, énfasis añadido).

¿Lo ves? El problema está por dentro, en tu interior, y tarde o temprano sale a la luz. Tu boca, tus actitudes o tu lenguaje corporal lo dejarán ver. Por ejemplo, si alimentas rencores del pasado, la falta de perdón en ti será notoria y proyectarás automáticamente raíces de amargura contra ti mismo y hacia otros, contaminándolos, como bien señalan las Escrituras en Hebreos 12:15:

"Mirad bien, no sea que alguno deje de alcanzar la gracia de Dios; que brotando alguna raíz de amargura, os estorbe, y por ella muchos sean contaminados"...

¡Cuidado! Conozco a muchas personas que se llaman a sí mismos "cristianos", pero viven sumergidos en un mar de amarguras porque no le permiten a Dios meterse en su interior para sanarlos. Por ejemplo, son muchos los que pretenden servir al Señor y que Dios pase por alto el asunto del perdón. Déjame decirte que Dios tiene principios que no son negociables, y el perdón es uno de ellos. Perdonar no es opcional; es un mandato divino. Sé que no es placentero recordar heridas del pasado porque con frecuencia nos hacen revivir emociones desagradables. Sin embargo, me he dado cuenta que esa es una de las puertas que muchos no quieren abrir y es la que más necesita ser abierta para la completa sanidad y liberación de una persona.

Si en tu pasado existen hechos que todavía te duelen, quiero que sepas que vale la pena el dolor para saber que necesitas ser liberado. No contiendas más con Dios y atraviesa esa puerta ahora mismo. Él tiene para ti la medicina apropiada. ¿Quieres salir de ahí? Entonces tienes que perdonar de todo corazón. No hay vuelta al asunto.

LA PUERTA DEL ARCA ERA TAMBIÉN PUERTA DE PERDÓN

Antes de seguir adelante, deseo que hagas un alto y pienses por un momento en lo que acabas de leer. **La puerta del arca era también puerta de perdón.** La demanda de Dios es que perdones y olvides. El deseo de mi corazón es ayudarte a salir de ese mundo de tinieblas llamado "la falta de perdón". Por lo tanto, no puedo pasar por alto el momento de Dios sin confrontarte con algunas preguntas:

- ¿Te ha hecho alguien algún mal en el pasado o en el presente, y aún no lo puedes olvidar?
- ¿Estás habituado a enterrar en tu adentro las emociones dolorosas que quieren salir a flote?
- ¿Tienes la tendencia de aislarte de ciertas personas, negándote a tratar con ellas?
- ¿Has dicho por tu boca que prefieres irte al infierno antes de perdonar a esa persona que tanto odias?
- ¿Te sientes cansado de herir a las personas que más amas?
- ¿Piensas que cualquier otro lugar sería mejor que el que estás ahora mismo?
- ¿Crees que tu familia estaría mejor si tú no existieras?
- ¿Hay lugares o situaciones en los que te has encontrado, que te han hecho revivir recuerdos dolorosos del pasado?
- ¿Llevas años padeciendo de algún mal o enfermedad en tu cuerpo y todavía no has hallado sanidad?
- ¿Por más que te esfuerzas, no te sientes feliz en ninguna parte?

Si tu respuesta es afirmativa para cualquiera de estas preguntas, estás atrapado en el trauma de no saber perdonar. La elección es tuya. Mi consejo es que no permitas que el miedo al dolor te siga aprisionando la vida. No permitas que el espíritu de rechazo, soberbia, orgullo o arrogancia hable más por tu boca. Tampoco creas esa vil mentira de que el tiempo todo lo borra, porque eso no es cierto. El tiempo lo que hace es recubrirte el corazón de indiferencia y frialdad para que te niegues a amar y a confiar nuevamente. ¿Crees que albergando venganza en tu corazón resolverás tu problema? Lamento decirte que no. Cuando te niegas a obedecer las instrucciones de Dios en Su Palabra, entras inmediatamente en un estado de ansiedad que es innecesario. Por lo cual debes elegir.

¡Presta atención! Yo sé que la vida humana está llena de injusticias, pero eso no te da el derecho de amargarte la existencia en manera alguna. ¿No te das cuenta que en todo esto el que más sufre eres tú, a causa de tu actitud? La sanidad emocional es completa (esto lo aprendí hace años de los labios de una Evangelista colombiana) cuando tú puedes recordar sin dolor y sin resentimiento las cosas terribles que alguien alguna vez te dijo o te hizo. Además, si no lo sabes, el perdón es una decisión y no un sentimiento. No puedes esperar sentir para hacerlo, porque jamás lo harás. Lo mismo ocurre con aquellos que pretenden estar preparados para entonces servirle a Dios. Eso nunca ocurrirá. Uno se acerca a Dios tal y como está, y es Dios quien se encarga de transformarnos.

Cristo abrió la puerta del perdón con su muerte en la Cruz del Calvario. Él es quien te enseña a perdonar de todo corazón. ¿Qué te impide hacerlo? ¿Tu orgullo? ¿El tener que romper con un juramento que te hiciste a ti mismo hace varios años? ¿El tener que pasar la agonía de que seas tú quien se humille otra vez? Cualquiera sea tu situación y las cosas que hayas pasado, recuerda que solamente tú serás el perdedor si no solucionas el problema.

Aprovecha el momento; de lo contrario, en la medida que pasen los días, la raíz de amargura crecerá y te será más difícil dar el paso. Por lo tanto, hazlo ahora mismo.

PERDONA DE TODO CORAZÓN

Mi propósito al escribir este libro es que tú seas libre. Si realmente quieres salir de ahí tienes que perdonar y, como dice la Escritura, ponerte de acuerdo con tu adversario (no me refiero a Satanás, sino al ofensor de tu causa), para que recibas sanidad y liberación. Tú tomas la decisión, perdonas, y del resto se encarga Dios. Anímate y hazlo conmigo ahora.

"Amado Dios, me acerco a ti en el nombre de Jesús para obedecer el mandamiento de perdonar, así como Tú cada día perdonas mis pecados. Sé que perdonar es un asunto de decisión, y más que nada es uno de mis compromisos contigo en el convenio de la salvación. Por eso traigo ante ti todas las ofensas y agravios que otros han cometido contra mí, y que a su vez también yo he cometido contra otros a causa de mis reacciones. Me arrepiento por haber permitido que el resentimiento, la amargura y la venganza tomaran protagonismo en mi vida a través de mi boca. En este momento tomo la firme decisión de perdonar a _____ por _____, y perdonarme a mí mismo por todos y cada uno de los errores que he cometido. Sáname y ayúdame a entender que todo esto es un proceso que redundará para bien de mi alma. En el nombre de Jesús. Amén"

Si hiciste esta oración de todo corazón, cuando tengas la oportunidad, vé, reconcíliate con la persona que te ofendió, siempre y cuando Dios te muestre hacerlo, pues hay casos específicos de abusos en que no es recomendable (por razones de seguridad, tiempo, etc..).

Si la persona ya murió no te culpes por ello. De todas maneras Dios se encargará de sanar tus heridas y hacerlas cicatrizar en el nombre de Jesús, mediante la obra del Espíritu Santo. El Salmo 147:3 dice: *"Él sana a los quebrantados de corazón, y venda sus heridas"*.

Jesús dijo:

> *"Yo soy la puerta;* el que por mí entrare será salvo" (Juan 10:9).

Eso sí, la decisión tiene que tomarse en vida. No existe tal cosa como que después de la muerte "alguien te saca de pena y te lleva a descansar". La decisión hay que tomarla cuando se está vivo. Después de muerto no hay otra oportunidad (Hebreos 9:27).

Todo el que decide entrar por la puerta de la salvación es bienvenido. Ahora, no es una puerta cualquiera, y entrar por ella requiere de ciertas condiciones y de mucha determinación. Jesús dijo:

> *"Entrad por la puerta estrecha;* porque ancha es la puerta, y espacioso el camino que lleva a la perdición, y muchos son los que entran por ella; *porque estrecha es la puerta,* y angosto el camino que lleva a la vida, y pocos son los que la hallan" (Mateo 7:13-14, énfasis añadido).

He ahí lo primero. La puerta de Dios es estrecha. No porque sea una puerta con medidas limitadas, sino porque los que entran por ella tienen que estar dispuestos a vivir una vida de obediencia y sujeción. Tienen que cortar con el pasado, la vida de pecado, los placeres engañosos de la carne y del sistema en que este mundo se mueve.

Procura, pues, ser tú parte de esos pocos, que no sólo entran por ella sino que permanecen firmes hasta el fin. La Biblia dice que el que perseverare hasta el fin, éste será salvo (Mateo 24:13).

¡Perseverar! Esa es la clave. Aunque tu familia se vire en tu contra y te den la espalda. ¡Persevera! Aunque sientas que tus cosas van de mal en peor. Será esa la primera mentira que tendrás que vencer en el nombre de Jesús. Ahí es donde tu fe, tu confianza en Dios y en su Palabra, tiene que ser sólida como una roca, para que no desmayes en tu caminar diario con Él. ¡Persevera! pues la eternidad es algo serio.

Solamente una cosa me resta decirte en este primer segmento del libro. Es menester creerle a Dios siempre. Para el que cree, todas las cosas le son posibles. Si te acercas a Dios tienes que creer que le hay, y que Él es galardonador de los que le buscan (Hebreos 11:6). Aprende a confiar en Sus promesas aunque no entiendas el por qué de todas las situaciones (Hebreos 10:35). Nunca cuestiones lo que Dios hace en su sola potestad porque no tiene caso. Hay cosas que no le son dadas a conocer al hombre, de modo que debes contentarte con saber que Dios es soberano y tiene el control (Job 42:3-6).

La Biblia dice:

> "Las cosas secretas pertenecen a Jehová nuestro Dios; mas las reveladas son para nosotros y para nuestros hijos para siempre, para que cumplamos todas las palabras de esta ley" (Deuteronomio 29:29).

Recuerda siempre que donde Dios abre, ninguno cierra; y donde Dios cierra ninguno abre. Tu vida está en Sus manos. Descansa en Él y deléitate hasta que veas Su gloria manifestada.

¡No te rindas! Noé y su familia entraron en el arca por la fe, y estoy segura que la dinámica que vivieron juntos en el interior de aquella casa flotante fue extraordinaria. Aunque perdieron el control directo de las cosas en el mundo externo, lo que importaba en ese momento para ellos era trabajar adentro y esperar pacientemente a que el diluvio cesará y Dios diera la orden de que salieran. La pregunta que muchos se hacen cuando se encuentran adentro y en el proceso de espera es: ¿Hasta cuándo, Señor? y eso lo descubrirás a continuación...

PRIMERA PARTE

Puerta de Salvación

Los "no entiendo" del hombre
son un asunto de aprendizaje...
y el aprendizaje, un asunto de tiempo.
Pero saber esperar en Dios...
es un asunto de fe.
Aprende a esperar en Dios.

Rosita Martínez

Capítulo 1

¿Hasta cuándo Señor?

"¿Hasta cuándo Jehová? ¿Me olvidarás para siempre?
¿Hasta cuándo esconderás tu rostro de mí? ¿Hasta cuándo
pondré consejos en mi alma, con tristezas en mi corazón cada día?
¿Hasta cuándo será enaltecido mi enemigo sobre mí?".

(Salmo 13:1-2)

¿CUÁNTO TIEMPO MÁS TENDRÉ
QUE AGUANTAR ESTA SITUACIÓN?

Esta es una de esas interesantes preguntitas que tienden a dejarlo a uno perplejo, sin habla y hasta sin respiración. La Biblia tiene pasajes, mi hermano, que al leerlos dan la impresión de que alguien le está leyendo el pensamiento a uno. Yo le llamo los MRI (siglas para el estudio que se le hace al cerebro) del Espíritu. Con razón está escrito que la Palabra de Dios es viva y eficaz, y más cortante que toda espada de dos filos, que penetra hasta partir el alma y el espíritu, las coyunturas y los tuétanos, y discierne los pensamientos y las intenciones del corazón. Y no hay cosa creada que no sea manifiesta en su presencia (Hebreos 4:12-13).

En el Salmo 13, David, el dulce cantor de Israel, está sumergido en una de esas "tinieblas momentáneas" de la vida. Le pregunta a Dios cuánto tiempo más tendría que esperar para que Él respondiera a su oración, y lo librara de la opresión de sus enemigos. La palabra hebrea empleada en el pasaje da a entender que el autor piensa que su situación será eterna.

David llevaba por dentro el mismo grito de angustia de todos nosotros: ¡Señor, sácame de aquí! ¡Perenne dolor y eterno problema,

43

cuando el alma se turba y entra en confusión! El corazón queda suspendido en una especie de vacío existencial que quiere acabar con uno. Nuestra razón detrás de sus lógicas sofisticadas, no llega a ninguna parte y termina donde comenzó... con sus "no entiendo".

¿Se habrá olvidado Dios de mí? ¿Escuchará la oración con que a Él clamo? ¿Hasta cuándo tendré conflictos en mi alma, con angustias en mí que no puedo dominar? Nuevamente, en el Salmo 77, David expresa la angustia de su corazón diciendo: "¿Rechazará el Señor para siempre, y no mostrará más su favor? ¿Ha cesado para siempre su misericordia?" (vs 7 y 8).

No cabe duda que todos en la vida atravesamos por momentos similares. Unos en un grado mayor y otros en un grado menor, pero a todos nos llegan nuestros "valles y desiertos". Estos forman parte del proceso de conocer a Dios y a nosotros mismos. La Biblia dice que hay muchos pueblos en el valle de la decisión porque el día de Jehová está cercano (Joel 3:14).

Cuando la mente formula preguntas que no tienen respuesta, el alma tiende a turbarse. David no fue la excepción, tampoco tú y yo. ¡Cuánto daríamos para que Dios respondiera a nuestras oraciones con rapidez! Lo que nos desespera es la espera. Qué cosa ¿no?, pero así somos los seres humanos, desesperados hasta la médula espinal. La ansiedad nos mata por dentro.

Me pregunto, ¿le habrá pasado lo mismo a Noé y a su familia, o su fe en Dios era de tal magnitud que esperó confiadamente hasta que el diluvio cesó? No sé. Algún día se lo preguntaré, pero la duda que tú y yo tenemos casi siempre es esta...

¿CUÁNTO TIEMPO TENGO QUE ESPERAR Y POR QUÉ?

El "cuánto" de la pregunta es comprensible desde el punto de vista humano, pero el "por qué" se convierte muchas veces en arrogancia de parte nuestra hacia Dios. Ahí es donde la mayoría de las personas se rebelan y pierden la oportunidad para dar frutos. Antes de contestar a esta pregunta, quiero llevarte a que observes de cerca un pasaje de la Biblia: Daniel 10:1-13.

La situación era la siguiente: El pueblo de Israel se hallaba inquieto. ¿Cuánto tiempo más tendrían que esperar para ser liberados del cautiverio, si los setenta años de los cuales habló el profeta Jeremías acerca de ellos se habían cumplido? (Ver Jeremías 25:11-

14) Es entonces que Daniel intercede a favor del pueblo y la respuesta de Dios a Daniel fue la siguiente:

> "Entonces me dijo: Daniel, no temas; porque *desde el primer día que dispusiste tu corazón* a entender y a humillarte en la presencia de tu Dios, *fueron oídas tus palabras;* y a causa de tus palabras yo he venido. Mas el príncipe del reino de Persia se me opuso durante veintiún días; pero he aquí Miguel, uno de los principales príncipes y quedé allí con los reyes de Persia" (Daniel 10:12-13, énfasis añadido).

Date cuenta que Daniel fue oído al instante, (subraya eso), pero la respuesta no llegó de inmediato. ¿Qué ocurrió en ese lapso de tiempo? Muchas cosas. Las fuerzas del mal se levantaron en oposición y la respuesta no llegó sino veintiún días después.

El tiempo de la espera se debió a una intensa y feroz batalla en el mundo espiritual. Su fe fue puesta a prueba. Sin embargo, le permitió a Daniel alcanzar revelación acerca de los tiempos postreros. Dios vio en él ¡tanto compromiso! que no vaciló en revelarle y hacerle entender las cosas que acontecerían en el último tiempo.

Daniel era un hombre de oración, identificado con las necesidades del pueblo, que intercedía como parte de su compromiso con Dios y de su servicio a Él. Además, en su época no existía la tecnología moderna. No había microondas, o sea que su vida de oración no era de cinco minutos al día. (Los que me conocen personalmente, saben a qué me refiero). Por eso fue que Dios le reveló mucho más de lo que él esperaba. Así actúa Dios cuando nos ve buscar su rostro con intensa pasión. Su promesa no se hace esperar.

> "Clama a mí, y yo te responderé, y te enseñaré cosas grandes y ocultas que tu no conoces" (Jeremías 33:3).

DILE A DIOS QUE TE ENSEÑE A ORAR Y TE DÉ ESPÍRITU DE ORACIÓN

Dios nos explica a través de la boca del profeta Jeremías, que entre la oración y la respuesta siempre habrá dos cosas importantísimas: **Revelación y aprendizaje.** La dinámica del creer una promesa dependerá de la entera confianza que depositamos en el que promete. Si confiamos en Dios, confiaremos en Su Palabra. La clave está en lo que Jesús dijo: "Tened fe en Dios".

Hay que aplicar lo que la Biblia dice: "el reino de los cielos sufre violencia, y sólo los violentos lo arrebatan" (Mateo 11:12). El ser violento o agresivo en la oración nada tiene que ver con nuestra personalidad como individuos. Es un asunto de **fe, tenacidad y perseverancia.** Es hacer guerra espiritual.

Hay que creerle a Dios; punto y se acabó. Es hacer uso de la autoridad que como hijos de Dios se nos ha conferido y ponerla en práctica (2º Corintios 5:7) (Hebreos 11:27, 39-40). Los conflictos que se debaten en el mundo espiritual sólo se vencen a través de guerra espiritual. Por eso, Jesús refirió la parábola sobre la necesidad de **orar siempre y no desmayar** (Lucas 18:1).

Un creyente persistente de rodillas alcanza lo que ningún otro ser humano puede alcanzar en la vida. La oración abre puertas. Especialmente la oración de fe. Y cuando esa puerta se abre, milagros, prodigios y maravillas comienzan a ocurrir. Le puedes decir confiadamente al monte que se mueva de delante de ti y lo hará.

EL PODER DE LA ORACIÓN PERSEVERANTE

Uno de los casos más conmovedores que la Biblia presenta es aquel que habla acerca de Jesús y la mujer Cananea (Mateo 15:21-28). Lo primero que Jesús hace en ese encuentro es ignorarla, no le responde palabra alguna. Tú y yo, con toda probabilidad nos hubiésemos considerado ofendidos ¿no es así? En segundo lugar, Jesús le dijo que no fue enviado allí para tratar con ella, sino con las ovejas perdidas de la casa de Israel.

¡Imagínate! ¿Qué hubieses hecho tú en un caso como ese? Aquella mujer definitivamente sabía con quién estaba hablando. Ahora, después del segundo no, ella se postra ante Jesús y cuando éste le dice por tercera vez que ella no es merecedora, la mujer afirma estar de acuerdo con Él, pero le recuerda "entre líneas" que Él es Dios de toda carne.

¿Sabes lo que descubrí cuando leí este pasaje? Que no son tanto las lágrimas las que mueven a Dios, sino mi fe y mi tenacidad al pedir. Llorar es bueno, necesario, terapéutico y saludable porque alivia la carga, pero la fe... ¡Ooh!, la fe indiscutiblemente mueve montañas y sobre todas las cosas toca el corazón de Dios y lo mueve a la acción.

Por lo tanto, ¡regocíjate! tu respuesta viene en camino. La Biblia te asegura:

> "Y esta es la confianza que tenemos en él, *que si pedimos alguna cosa conforme a su voluntad, él nos oye. Y si sabemos* que él nos oye en cualquier cosa que le pidamos, *sabemos que tenemos* las peticiones que le hayamos hecho" (1º Juan 5:14-15, énfasis añadido).

DALE A DIOS TU CÁNTICO, AUNQUE SEA DOLOROSO

En el Salmo 6, David vuelve a sentirse abrumado por otro terrible sentimiento de angustia. Esta vez, la culpa lo tenía enfermo, y para colmo, la agonía de sentir que Dios seguía ausente. ¿Te ha pasado esto alguna vez?

"Jehová, no me reprendas en tu enojo ni me castigues con tu ira, ten misericordia de mí, oh Jehová, porque estoy enfermo; sáname, oh Jehová porque mis huesos se estremecen, mi alma también está turbada; y tú Jehová ¿Hasta cuándo?" (Salmo 6:1-3)

David llegó a pensar que el silencio de Dios era parte de su castigo por los errores cometidos. ¿Cuántas veces has pensado lo mismo? Inclusive, a mí me sucedió, hasta que comprendí que Él no es Dios de mucho hablar. Lo hace ocasionalmente y espera ser obedecido. Por ejemplo, Noé oyó Su voz y recibió instrucciones. Sin embargo, después de ciento veinte años, Dios volvió a hablarle para decirle que era hora de entrar al arca. Es que Dios hasta en su silencio es elocuente ¿no crees? ¡Sea su nombre Glorificado!

¿Sabes qué es lo que pasa hoy día? La gente ha perdido la sensibilidad del espíritu, y sobre todo el temor y el respeto a Dios. Hablan de Dios e intentan relacionarse con Él como si fuera un muchacho de mandados o cualquier otra cosa.

Para los tales me atrevo a asegurar que Dios sí está ausente. Pero no para David, que aunque pecó contra Él en innumerables ocasiones, siempre reconoció su condición pecaminosa, supo humillarse y pedir perdón. He ahí la clave.

> "Porque *yo reconozco* mis rebeliones, y mi pecado está siempre delante de mí. Contra ti, contra ti solo he pecado, y *he hecho lo malo* delante de tus ojos; para que seas reconocido en tu palabra, y tenido por puro en tu juicio" (Salmo 51:3-4, énfasis añadido).

Ahora bien, fíjate que no todos los cánticos de David fueron de quejas y lamentaciones. Este es el punto al que quiero llegar. En el Salmo 40 y desde una perspectiva completamente diferente, él dice:

"Pacientemente esperé a Jehová, y se inclinó a mí y oyó mi clamor. Y me hizo sacar del pozo de la desesperación, del lodo cenagoso; puso mis pies sobre peña y enderezó mis pasos. Puso luego en mi boca cántico nuevo, alabanza a nuestro Dios. Verán esto muchos, y temerán y confiarán en Jehová" (Salmo 40:1-3).

Esto es lo que quiero que veas. El momento de la liberación llegó para David. Al igual que llega para nosotros también. Dios nunca falla. Nos saca a flote de los conflictos y abismos donde a veces nosotros mismos nos metemos por "cabezones". Para David los beneficios de su liberación fueron varios: aprendió a desarrollar paciencia, entendió que la vida es un proceso y cada etapa una nueva oportunidad para componer un salmo de victoria en su vida, y que a raíz de su experiencia, otros también aprenderían a temer a Dios. ¡Por favor, aprendamos de esto!

Quizás lo más difícil de comprender es por qué Dios no siempre hace las cosas en el momento en que uno se las pide.

Pero dime, ¿quién conoció la mente del Señor? O ¿quién le dirá a Él lo que tiene que hacer? ¿Dirá el vaso de barro al que lo formó, porqué me has hecho así? (1° Corintios 2:16), (Romanos 9:20).

En resumen, la dinámica de Dios siempre ha sido poner en orden nuestro mundo interior. Mostrarnos que hay fenómenos ocultos y situaciones abstractas e intangibles que sólo Él conoce y puede penetrar. Lamentablemente, muchos se niegan a reconocer que ahí está precisamente su conflicto, en su mundo interior. Viven aparentando que todo está bien, pero por dentro están frustrados con ellos mismos y afectando notablemente a quienes los rodean. Si eres uno de ellos, por favor no evadas más la situación, sé honesto contigo mismo y con aquellos que te aman.

A PESAR DE TODO DAVID CONOCÍA A DIOS...

Nota bien como David en cada uno de sus cánticos, después de desahogarse, reconoce que Dios estuvo a su lado siempre para socorrerlo. Cuando conocemos la manera en que Dios trabaja por medio de las Sagradas Escrituras, sabemos que estamos en manos de un Dios tierno y amoroso que prometió estar con nosotros todos los días hasta el fin. Los momentos dolorosos vendrán porque son parte de la vida y de la dinámica de Dios para que nos identifiquemos con los demás, pero no son eternos. El mismo David lo afirmó cuando dijo:

> "Un abismo llama a otro a la voz de tus cascadas; todas tus ondas y tus olas han pasado sobre mí. Pero de día mandará Jehová su misericordia y de noche su cántico estará conmigo, y mi oración al Dios de mi vida" (Salmo 42:7-8).

Por lo tanto, cuando alguna adversidad, crisis o tentación golpee tu alma nuevamente y sientas deseos en tu carne de rebelarte o quejarte contra Dios, no lo hagas. Dios no trabaja en tu contra sino a tu favor. Ampárate en Su misericordia de día y de noche, permite que Su cántico te arrulle. No retrases Su plan en tu vida por albergar actitudes de orgullo o rebelión. La Palabra de Dios dice que Él no te dejará ser tentado más de lo que tu puedas resistir, sino que dará juntamente con la tentación la salida para que puedas soportarlo (1º Corintios 10:13).

Por eso, por muy doloroso que te parezca, dale a Dios tu cántico, tu queja y tu dolor. Él está dispuesto a escucharte, sin escandalizarse. No importa si tu melodía la tienes que escribir en tonos mayores o menores, Él está contigo en medio de tu agonía y ten por seguro que a su tiempo actuará y no tardará. Te sacará de ahí.

> "Con *mi voz clamaré* a Jehová; con *mi voz* pediré a Jehová misericordia. Delante de Él *expondré mi queja;* delante de Él *manifestaré mi angustia...* Señor saca mi alma de la cárcel, para que *alabe* tu nombre" (Salmo 142:1, 2 y 7, énfasis añadido).

Clamar, pedir, exponer, manifestar, alabar. Estas son las llaves del éxito.

SAL DE TU EGOÍSMO LO ANTES POSIBLE...

Resulta realmente sorprendente observar lo egoístas que podemos llegar a ser cuando atravesamos momentos de crisis. Toda la capacidad mental y emocional que poseemos la utilizamos única y exclusivamente en pedirle a Dios que nos saque del problema lo más rápido posible. Es ahí donde se originan nuestros famosos "Sácame de aquí".

Y es también donde el Señor, a veces, nos hace esperar un poco de tiempo para darnos algunas lecciones objetivas de fe, enseñándonos quién es Él y quienes somos nosotros. He aquí tu dilema. Mientras tú pasas por alto toda la dinámica del proceso, para Dios eso es lo más importante. Darle forma a tu carácter y tratar con tu temperamento. Entonces, ¿dónde está el problema? Si es que se le puede llamar problema. Radica en que es tanto el tiempo que has dedicado en la vida a levantar paredes de autoprotección, que ahora no sabes cómo salir del laberinto que tú mismo has creado.

Algunos se han tomado tan en serio el papel de "víctimas", que se han ejecutado ellos mismos. La exclamación que sale de sus labios es: "No es justo que esto me esté pasando a mí". ¡Por favor, no caigas en esa trampa! Eso se llama autoconmiseración. Dicho de otra forma, tener pena de ti mismo. Esto no es asunto de lo que uno merece o no. Si fuese así, todos mereceríamos estar en el infierno ahora mismo. Sin embargo, Dios ha mostrado su amor para con nosotros en que siendo aún pecadores, Cristo murió en nuestro lugar (Romanos 5:8). ¿No te parece motivo suficiente para vivir agradecidos a Dios el resto de nuestra vida?

Jesús no mereció pasar por donde pasó y lo hizo por amor a ti y a mí. ¡Atiéndeme! Si Cristo en los días de su carne, ofreció ruegos y súplicas con gran clamor y lágrimas al que le podía librar de la muerte, y aunque era hijo, por lo que padeció aprendió obediencia para llegar a ser autor de eterna salvación (Hebreos 5:7-8), ¡Cuánto más usará Dios nuestros propios padecimientos para la salvación y consolación de otras personas! ¿De qué nos quejamos entonces?

He aprendido que detrás de toda adversidad presente hay una gloriosa bendición esperándome... y aún más, alguien que necesita del apoyo y el consuelo de Dios está aguardando por mí en el camino (2º Corintios 1:3-6).

LA HISTORIA DE SARA Y AGAR

La Biblia menciona la historia de Agar, sierva de Saraí, mujer de Abram (Véase Génesis 16). El ángel de Jehová la halló junto a una fuente de agua en el desierto, huyendo despavoridamente de su señora Saraí; pues ésta la afligía a diario a causa de Ismael, su hijo.

Saraí fue una de esas tantas mujeres que en un momento dado de su vida vivió frustrada y amargada porque creyó que Jehová la había hecho estéril. Cuidado con esa tendencia rebelde del corazón, de culpar a Dios por las tragedias o desgracias que te pasan en la vida. El problema de Saraí no era la esterilidad sino un asunto de tiempo, para Dios glorificarse. A raíz de esto, Saraí, en su amargura cometió varios errores que me gustaría señalar para prevenirte de caer en ellos.

Primero, no supo esperar en Dios. Hizo las cosas a su manera y bajo su propio criterio personal. ¿Haces con frecuencia lo mismo? Entonces, atente a las consecuencias y no chistes ni media palabra.

Segundo, la amargura de su alma la llevó a convertirse en una mujer despiadada y sin escrúpulos. Perdió los estribos. Tanto así, que a causa de la presión que ella le infligió a Agar, ésta salió corriendo sin saber siquiera a dónde iba.

Te pregunto: ¿Has dejado que las circunstancias negativas que te rodean cambien tu carácter? ¿Ya no eres el mismo? ¿Has perdido aquellas cualidades y virtudes que te caracterizaban como hombre y mujer de Dios, a causa de alguna amargura, presión o frustración en tu vida? ¿Hay alguna situación en particular que te ha dejado sin dirección divina?

Entre Sara y Agar lo que hubo de por medio fue un mar de confusión. Una vivió atrapada en una situación que ella misma se buscó por su ligereza al obrar. La otra, esclava al fin, no vaciló en sacar ventaja del momento para burlarse de su señora. ¡Cuidado! Cuando se es esclavo, la tendencia es a actuar como esclavo. Y el esclavo no queda en la casa para siempre, el hijo sí (Juan 8:34-35 / Gálatas 4:30-31). No vayas tú a perder la bendición por apresurarte al Plan divino. Si todavía no has aprendido a enfrentar la vida en momentos de oposición, te aconsejo que te mires en este espejo y le pidas dirección y ayuda a tu Señor.

Me sorprendo cuando veo que "no es lo mucho sino lo seguidito" que una situación en particular puede oprimir y hacer correr a alguien sin dirección alguna y sin rumbo fijo. Bajo presiones semejantes a estas, he visto gente mudarse de lugar sin aprobación divina o cantidades de parejas contraer matrimonio. Unos fuera del plan y propósito de Dios, y otros con la persona indicada pero fuera del tiempo señalado. ¡Ay, Dios mío, adónde iremos a parar!

Algunos impulsivamente cambian de trabajo tres o cuatro veces en un año. Otros, van de una relación a otra sin que sus conflictos con relaciones anteriores sean primero resueltos. ¡No en balde hay tantos hogares rotos! Personas con un alto potencial humano, pero esclavos de sus propias pasiones sin dominio propio. ¡Triste es el caso y larga la condena cuando esto le sucede a un hijo de Dios! ¿Sabes qué es lo que pasa? Que terminan al final odiándose ellos mismos y proyectando sus amarguras sobre otras personas. ¡Pobrecito del que esté a su lado!

Por eso, nunca le permitas a nadie, que no sea Dios, gobernar tu vida. He comprobado que las personas que se sienten "víctimas" ya sea del miedo, la culpa, la vergüenza o la ira, por lo general, se dejan controlar por otros y toman decisiones sin medir consecuencias.

Decisiones que a largo plazo, se convierten en una cadena interminable de frustraciones que luego no saben cómo manejar. Por consecuencia, terminan ahorcados con la misma soga de problemas que han entretejido. Si estás ahora mismo en una presión semejante a la de Agar, no cometas la imprudencia de salir de "guatemala" para caer en "guatepeor" por negarte a aprender una lección objetiva de parte de Dios. ¡Estate quieto! ¡No te muevas! De lo contrario, Dios se verá en la obligación de comenzar de nuevo, pues Él no deja nada sin hacer o a medias.

"Y le dijo el ángel de Jehová: Vuélvete a tu señora, y ponte sumisa bajo su mano" (Génesis 16:9).

Él es el Dios que inicia la obra, la mantiene y la finaliza (Filipenses 1:6). Ahora bien, ¿qué cosa puedes hacer para no caer en lo mismo que cayó Agar? He aquí lo más sensato: desvincúlate de las cosas negativas de tu pasado.

CORTAR CON EL PASADO ES ESENCIAL
PARA TU COMPLETA RESTAURACIÓN

El apóstol Pablo estaba consciente que su actitud ante la vida y su fe en Dios determinarían el éxito o el fracaso de su carrera. Esto debería servirnos de ejemplo, pues la mayor parte de nuestras agonías se deben al intento absurdo de tratar de correr la carrera de la vida con cargas innecesarias. La Biblia dice:

"¿No sabéis que los que corren en el estadio, todos a la

verdad corren, pero *uno solo* se lleva el premio? *Corred de tal manera* que lo obtengáis" (1º Corintios 9:24, énfasis añadido).

La clave es: "de tal manera". Aprovecho la oportunidad para confrontarte. Un pasado con el que no cortas, errores que no perdonas, barreras emocionales que no confrontas, amistades que no sueltas, realidades que niegas, verdades que no aceptas, corajes que no desplazas, cargas que alguien te impuso o tú mismo creaste, ¡cargas! ¡cargas! y más ¡cargas! Pareces más mula que ser humano. ¿Y así pretendes avanzar? No creo que llegues muy lejos. Es hora de que te despojes. ¡Atiende! Dije, ¡que te despojes! Dios te da el consejo, yo te lo recuerdo, pero la decisión es sólo tuya.

El escritor a los Hebreos dice que para correr la carrera que se tiene por delante con éxito, hay que despojarse principalmente de dos cosas. Primero, del peso de la carga (que puede ser una culpa) y segundo, del pecado que está al asecho (que fácilmente te rodea, que te molesta). Esta lucha mi hermano, es diaria. El despojarse es una acción que nos toca hacer individualmente. Me gusta la acción de David cuando su padre lo envió a llevarle comida a sus hermanos al campamento de los filisteos. Obsérvala conmigo:

> "Se levantó, pues, David de mañana, y dejando las ovejas al cuidado de un guarda, se fue con su carga como Isaí le había mandado; y llegó al campamento cuando el ejército salía en orden de batalla, y daba el grito de combate. Y se pusieron en orden de batalla Israel y los filisteos, ejército frente a ejército, *entonces David dejó su carga* en mano del que guardaba el bagaje y *corrió al ejército;* y cuando llegó, preguntó por sus hermanos, si estaban bien" (1º Samuel 17:20-22, énfasis añadido).

David estaba consciente que la forma de avanzar hacia el campo de batalla era sin la carga y el peso excesivo que llevaba. Las preguntas que te tengo ahora son las siguientes:

¿Alguien ha puesto una carga innecesaria sobre ti? ¿Cuántos años llevas cargando con ella? ¿Acaso la manipulación sin escrúpulos de una persona cercana a ti te tiene detenido en el camino? ¿Estás tan ligado sentimentalmente a alguien que no puedes moverte en fe a cambiar de ambiente por el bienestar tuyo y de los tuyos? ¿Eres de los que llegas con cargas a la casa de Dios y sales igual o peor de lo que entraste? ¿Te sientes impotente cuando confrontas una crisis? ¿Crees que tienes que aguantar lo que venga en tu vida porque tu condición actual es el producto de una mala decisión que tomaste en el pasado? ¿Te recriminas continuamente por haber actuado de tal o cuál manera? ¿Te frustras cuando las cosas no te salen bien?

Pues, permíteme decirte con todo el respeto que te mereces, que has caído en la trampa de volverte una víctima de tus propias circunstancias. El problema lo cargas tú en el interior. Nadie en este mundo tiene el derecho o la potestad de poner sobre ti una carga que no te corresponde y mucho menos dominarte, a no ser que tú mismo se lo permitas. Ni siquiera tus propias emociones o sentimientos pueden gobernar tu voluntad. Dios las puso en ti para que las controles, no ellas a ti.

Lo mismo ocurre con el asunto del perdón. El único responsable de que alguien se sienta con el derecho de ofenderte eres tú mismo. La llave que abre la puerta de tu intimidad es tuya y le abres a quien quieras. Examínate, porque puede ser que estés sufriendo sin necesidad alguna. Tú no puedes controlar lo que otros te hagan, pero sí puedes controlar la forma cómo reaccionas ante ellos. ¡Ejercita tu voluntad y no te dejes engañar! Aprende a ser selectivo con tus amistades. No todo el mundo puede ser tu amigo, y cuando el curso de tu vida tome otro giro diferente al que estás habituado a andar, solamente cree que Dios tiene algo mejor para ti. Recuerda que tú puedes cambiar el destino de tu vida si te lo propones en Cristo Jesús.

Acuérdate de Jabes e imítalo en su fe (1º Crónicas 4:1-10).

Mi consejo para que salgas del atolladero en el que estás es el siguiente: Corre, pues, a la línea de combate y enfréntate a esa situación antes de que sea muy tarde. ¿Cómo lo logras? Sé agresivo espiritualmente. Ora y no te canses de hacer guerra espiritual. Dios se encargará de honrarte. Llegará el momento en que todos a tu alrededor se darán cuenta que quien te llamó y te ungió para ese trabajo o ministerio fue Dios y no el hombre. Así que, sigue adelante, prosigue hacia la meta, estás en la recta final. Como dice el refrán: "Para atrás ni para tomar impulso". Mira lo que el apóstol Pablo dijo después de casi treinta años de ministerio:

> "No que lo haya alcanzado ya, ni que ya sea perfecto; sino que prosigo, por ver si logro asir aquello para lo cual fui también asido por Cristo Jesús. Hermanos, yo mismo no pretendo

haberlo ya alcanzado; *pero una cosa hago: olvidando* ciertamente *lo que queda atrás, y extendiéndome* a lo que está adelante, *prosigo a la meta,* al premio del supremo llamamiento de Dios en Cristo Jesús" (Filipenses 3:12-14, énfasis añadido).

Prosigo, olvido, me extiendo. Escribe estas palabras en un lugar visible para ti y repítelas una y otra vez. Tres cosas fueron esenciales para el apóstol. Por favor, incorpóralas hoy a tu vida:

Primero, **vivió enfocado en una sola cosa,** no cinco, ni diez, ni veinte al mismo tiempo. El problema de algunas personas es que quieren hacer tantas cosas a la vez que terminan haciendo nada. Y hay otros que, "no dan un tajo ni en defensa propia", como decimos los puertorriqueños.

Segundo, el apóstol siempre **consideró el día de ayer como algo que pasó.** El pasado es algo que no puedes cambiar; y en el cual tampoco te puedes estancar. Nadie puede avanzar hacia delante si está encadenado mental y emocionalmente por las cosas que hizo en el ayer. ¡Fuera con la culpa y el autocastigo! Son tus peores enemigos.

Tercero, **Pablo empleó todas sus fuerzas:** físicas, mentales, emocionales y espirituales en abrazar la meta trazada por Cristo Jesús para su vida. El término que usó el apóstol en esta escritura, es el mismo observado en la dinámica de un atleta cuando corre. Alinear hacia el frente todos los músculos. Eso para nosotros implica los músculos del espíritu, del alma y del cuerpo. Es lo que nos garantizará llegar a la meta final.

Te advierto algo, sin disciplina ningún ser humano puede alcanzar logros permanentes. Tiene que haber para empezar, una gran disposición. Un compromiso absoluto con Dios, contigo mismo y ante el mundo que te rodea (me refiero a tu prójimo). Para lograrlo, necesitas a diario renovar la vida del pensamiento. ¡Fuera con la negatividad y la mediocridad de vida! (Romanos 12:1-3). Fuera con él, ¡Ay bendito! La pena es hermana de "chávate". Tienes que aprender a administrar correctamente tus estados emocionales, conocerte a ti mismo, definir tu visión y entender que Dios te ha dado una identidad propia y una capacidad única y exclusiva para tomar decisiones (2º Timoteo 1:7). La vida se compone totalmente de elecciones (Jeremías 21:8).

No vivas tratando de encontrar a alguien en el camino que siempre te resuelva los problemas. Eso crea dependencias enfermizas y nunca sacas los pies del plato. Además, Dios no patrocina ese modo de vida.

No me mal entiendas; pedir ayuda a veces es necesario y recomendable, pero los extremismos son dañinos (2º Crónicas 16:7; Jeremías 17:9-10). No construyas tus ilusiones sobre fundamentos que son defectuosos, porque tus sueños pueden derribarse. En esta vida tendrás que desarrollar carácter, resistencia y fortaleza ante lo que se levante en tu contra y seguir "pa'lante", si no quieres morir en el camino del desengaño.

Necesitas rodearte de personas que te enriquezcan emocional y espiritualmente, y que no estorben el plan de Dios para tu vida. Necesitas fortalecerte con poder en el ser interior por el Espíritu Santo que te ha sido dado (Efesios 3:16).

Una vez que estés conectado a la fuente, que es Cristo, no habrá circunstancia, persona, situación, demonio o infierno que te detenga de alcanzar la meta que te has propuesto en la vida. La opinión de Dios es la que cuenta, porque Él es el único que te da las fuerzas para continuar luchando.

Despierta a la realidad y no permitas que tu futuro se tronche por la opinión de los demás. La gente siempre hablará... y hablará de lo que menos sabe. "Nadie conoce lo que está en la olla sino la cuchara que la mueve". Ocúpate pues de lo que está en el corazón de Dios. Obedécelo, y como dice mi padre terrenal, "olvídate de los peces de colores". De lo contrario, Dios tendrá todo el derecho de quejarse y tú tendrás que aceptarlo sin decir ni media palabra.

DIOS TAMBIÉN TIENE DERECHO A QUEJARSE, ¿POR QUÉ NO?

Hasta aquí me he referido a los "hasta cuándo" que intentan robarte la paz y la confianza de tu espíritu, pero no he mencionado los "hasta cuándo" de Dios. Y Él sí tiene derecho a quejarse, ya que dio todo y nunca ha sido correspondido voluntariamente por nadie.

Él ha mostrado Su poder y Su Gloria desde el principio de la creación, y pocos son los que le han creído. Él se sacrificó enteramente por su pueblo, y recibió a cambio insultos, quejas y murmuraciones.

"Y Jehová dijo a Moisés: *¿Hasta cuándo* me ha de irritar este pueblo? *¿Hasta cuándo* no me creerán, con todas las señales que he hecho en medio de ellos? *¿Hasta cuándo* oiré esta depravada multitud que murmura contra mí, las querellas de los hijos de Israel, que de mí se quejan? Diles: Vivo yo, dice Jehová, que según habéis hablado a mis oídos, así haré yo con vosotros" (Números 14:11-27,28, énfasis añadido).

¡Qué dura es esta palabra!, pero cuán impactante es saber que Dios también tiene quejas. ¿Hasta cuándo?, pregunta Él. No hay cosa que le desagrade más a Dios que la incredulidad de Su pueblo. Por la incredulidad es que el hombre no halla reposo para sí. (Hebreos 3:7-11).

Dios como Padre, también se queja cuando sus hijos se aventuran a murmurar acerca de cosas que no saben. La carne nunca encontrará complacencia en los métodos que Dios elige para tratar con nosotros, por lo tanto, ella siempre buscará un argumento para justificarse. Por eso el Señor dijo:

"Lava tu corazón de maldad, oh Jerusalén, para que seas salva. ¿Hasta cuándo permitirás en medio de ti los pensamientos de iniquidad?" (Jeremías 4:14).

¿Te fijas lo categórico que es Dios cuando habla? Se queja porque su pueblo con facilidad olvida el pacto y el compromiso contraído con Él en el convenio de la salvación y muchos "cambian chinas por botellas", y venden la verdad, no la compran (Proverbios 23:23).

Se queja porque adulteramos con la mente dejando que se filtren pensamientos contrarios a la fe y al propósito de Él en nuestra vida. Se queja porque algunos sólo lo llaman cuando lo necesitan para luego olvidarse de Él, como dice el himno que canta Eric Perdomo. Se queja por la condición moral y espiritual en la que andan muchos de los que profesan servirle y conocerle. ¿Estás tú entre estos? ¿Tienes problemas con tu personalidad? ¿Eres de una manera en el templo y ante la gente, pero de otra forma en tu casa y en tu intimidad? ¿Confrontas problemas de doble ánimo y no has hecho nada al respecto? Entonces, Dios tiene derecho a quejarse...

No puedo cerrar este capítulo sin explicarte algo tocante al tiempo. Algo que con mucha frecuencia nosotros olvidamos. Dios es eterno y su dimensión en el Reino de los cielos no es la misma dimensión de tiempo que conocemos en la tierra. Lo que en el cielo puede tomar minutos o fracciones de segundos, en la tierra puede tomar meses y hasta años. Mientras nosotros nos preparamos el 31 de diciembre con bombas y platillos para despedir el año viejo y recibir el nuevo, en la mente de Dios ese día es como cualquier otro. Los breves de Dios no son nuestros breves.

Por eso cuando el Señor se despidió en el libro de Apocalipsis 22:20 dijo: "Ciertamente vengo en breve". Dos mil años de los nuestros han transcurrido y para Él fue como el día de ayer que pasó. El libro de Eclesiastés dice:

"Todo tiene su tiempo, y todo lo que se quiere debajo del cielo tiene su hora" (Eclesiastés 3:1)

"Me volví y vi debajo del sol, que no es de los ligeros la carrera, ni la guerra de los fuertes, ni aún de los sabios el pan, ni de los prudentes las riquezas, ni de los elocuentes el favor; sino que *tiempo y ocasión* acontecen a todos. Porque el hombre tampoco conoce su tiempo; como los peces que son presos en la mala red; y como las aves que se enredan en lazo, así son enlazados los hijos de los hombres en el tiempo malo, cuando cae de *repente sobre ellos*" (Eclesiastés 9:11-12).

Una cosa es el tiempo y otra la ocasión. Cuando aprendes a diferenciar la una de la otra, vives plenamente confiado en el Señor porque sabes que Él tiene un momento específico para obrar (Jeremías 8:7).

¿Percibes ahora con claridad por qué tienes que aprender a esperar en Dios? Los malos momentos son parte de la vida misma. ¿Captas claro el hecho de que no son tus habilidades ni tus conocimientos los que te garantizan el éxito? Si entiendes esto, podrás enfrentarte a lo que sea. Eso sí, el momento de Dios es único, y cuando lo dejas pasar, pierdes la más gloriosa de las oportunidades. ¡Disciérnelo y aprovéchalo al máximo, ese es mi consejo personal!

"Las experiencias de agua
anteceden las experiencias de fuego,
porque ellas son las que impiden
que al pasar por el fuego
esa llama arda en ti"
Rosita Martínez

Capítulo 2

El diluvio no cesa

"Y sucedió que al séptimo día las aguas del diluvio vinieron sobre la tierra. El año seiscientos de la vida de Noé, en el mes segundo a los diecisiete días del mes, aquel día fueron rotas todas las fuentes del gran abismo, y las cataratas de los cielos fueron abiertas, y hubo lluvia sobre la tierra cuarenta días y cuarenta noches".

(Génesis 7:10-12)

¿Qué hacer cuando tienes que atravesar por varias crisis simultáneamente y en forma prolongada? ¿En qué debes ocuparte cuando las circunstancias a tu alrededor están fuera de tu control? ¿A quién debes acudir si eres abusado o tratado con crueldad por alguien? ¿Qué hacer cuando tu hogar está al borde del colapso total? ¿Cómo lidiar con el factor tiempo?

Al escribir este capítulo del libro me fue imposible no pensar en aquellas personas que están atravesando una verdadera y extensa crisis de fe. Como por ejemplo, la desdicha de una incurable enfermedad, una tragedia inesperada, la agonía cruel de ver su hogar venirse abajo por problemas de droga, alcohol, incesto, violencia domestica, homosexualidad, frialdad e indiferencia. Me refiero a gente que sufre de verdad, y su sufrimiento parece no tener fin.

Los que creen que ese diluvio de conflictos nunca va a cesar. Discusiones, cuentas que no pueden pagar. Mujeres solas que no encuentran qué hacer, y las que quizás aún teniendo marido es como si no lo tuviesen y viceversa. Inclusive pienso en hermanos de otras partes del mundo donde realmente se sufre por la causa de Cristo. Son tantas las situaciones que un libro no es suficiente para enumerarlas a todas.

Ustedes son ahora mi ocupación. Cuando caminamos con Cristo, los problemas ajenos no pueden pasar desapercibidos. Quiero llegar al corazón de aquellos que inclusive creen que Dios los ha abandonado y dejado a la merced de lo que venga. A los que se sienten atrapados en el infortunio de múltiples pruebas. A los que la esperanza se les ha convertido en frustración y están siendo afectados mental, emocional y espiritualmente. Créanme que los entiendo, pero más los entiende Dios.

Escribir este libro no fue para mí una jornada placentera. Muchas de las situaciones expuestas aquí nacen de mi experiencia personal y otras son el producto del contacto directo que he tenido con personas ayudadas en consejería y con las cuales he compartido sus tragedias personales. Estoy consciente de que en todas las épocas ha habido momentos de grandes conflictos, pero el diluvio universal demoniaco que se vive hoy día nunca se ha visto tan claro y abierto.

Estamos en medio de una guerra. Los aires están completamente contaminados. Los seres humanos viven sumergidos en una angustia cósmica existencial y no saben qué hacer ante el fenómeno. El terrorismo arropa por doquier, miedos, pavores y sustos en el alma.

Los valores morales y espirituales han sido olvidados, el amor de muchos se ha enfriado. Se ha levantado una ola de intensa rivalidad, la gente sólo vive para sí, incluyendo cristianos. Sin embargo, tú y yo tenemos el privilegio de haber sido llamados en esta batalla final y decisiva. La Biblia nos llama "Soldados de Cristo". Permíteme preguntarte: ¿Dónde has sembrado tus expectativas como ser humano? ¿Será la ausencia de significado lo que te hace sentir derrotado? ¿Es que ves los días pasar sin indicio alguno de que las cosas mejorarán para ti? Son esos los momentos en que tienes que hacer un esfuerzo máximo en el Señor, para ver el lado positivo de las cosas. Necesitas cambiar de perspectiva y la única forma de lograrlo es fijando tu vista en lo que Dios dice en Su Palabra. Permíteme ayudarte. La Biblia dice:

> "No os ha sobrevenido ninguna tentación que no sea humana; *pero fiel es Dios, que no os dejará ser tentados más de lo que podéis resistir, si no quedará* también juntamente con la tentación la salida (una vía de escape) para que *podáis soportar"* (1º Corintios 10:13, énfasis añadido).

"Porque esta *leve* tribulación *momentánea* produce en *nosotros* un cada vez más excelente *peso de gloria;* no mirando nosotros las cosas que se ven, si no las que no se ven; pues las cosas que se ven son temporales, pero las que no se ven son eternas" (2º Corintios 4:17-18)

El optimismo del apóstol Pablo se debía a que él tenía la mirada fija en la gloria celestial. Lo que significa que el que mira a las cosas eternales no da lugar para que su corazón se apegue a lo trivial y terrenal, y por ende la balanza se inclinará a favor de lo que perdura.

Observa este otro verso:

"Y levantándose, *reprendió al viento,* y dijo al mar; Calla, enmudece. *Y cesó el viento,* y se hizo grande bonanza" (Marcos 4:39, énfasis añadido).

"Dios es nuestro amparo y fortaleza, y nuestro pronto auxilio en las tribulaciones, *por tanto, no temeremos,* aunque la tierra sea removida, y se traspasen los montes al corazón del mar; *aunque bramen y se turben sus aguas,* tiemblen los montes a causa de su braveza" (Salmo 46:1-3, énfasis añadido).

"Estad quietos, y *conoced* que yo soy Dios" (Salmo 46:10, énfasis añadido).

"Porque así dijo Jehová el Señor, el Santo de Israel: en *descanso* y en *reposo* seréis salvos; en *quietud* y en *confianza* será vuestra *fortaleza.* Y no quisisteis" (Isaías 30:15, énfasis añadido).

"Por lo demás hermanos míos *fortaleceos* en el Señor, y en poder de su fuerza. *Vestíos* de toda la armadura de Dios, *para que podáis* estar firmes *contra las asechanzas del diablo"* (Efesios 6:10-11, énfasis añadido).

"Me gozaré y alegraré en tu misericordia, porque has visto mi aflicción; *has conocido mi alma* en las angustias no me entregastes en mano del enemigo; *pusiste mis pies en lugar espacioso"* (Salmo 31:7-8, énfasis añadido).

Soportar, reprender, estarnos quietos cuando el momento lo amerita, conocer la voluntad de Dios, fortalecernos en Él, vestirnos de Él y regocijarnos, es la clave del éxito.

DESCANSAR EN DIOS ES VITAL
CUANDO LA TORMENTA ESTÁ ASECHANDO...

¿Leíste con detenimiento todos los versos? ¿Qué es lo que hace que reaccionemos de forma negativa ante muchas de nuestras crisis? Existen varias razones.

Primero, el desconocimiento acerca de quién es Dios. Él mismo dijo a través de los labios de Oseas: *"Mi pueblo perece por falta de conocimiento"* (Oseas 4:6).

No saber lo que ocurre es lo que nos lleva a la desesperación. Entonces, ¿qué podemos hacer para minimizar esa desesperación? Obviamente, fortalecernos en el poder del Espíritu Santo (Efesios 3:14). Por favor, revisa el pasaje en tu Biblia. Eso fue lo que entendió el apóstol Pablo, por eso fue que su único objetivo en la vida era la excelencia del conocimiento de Cristo, el poder de su resurrección y la participación de sus padecimientos, para llegar a ser semejante a Él en su muerte.

¿Habremos llegado nosotros a ese nivel de madurez? No, pero hacia eso vamos en el nombre de Jesús. Necesitamos renovar la vida del pensamiento, buscar a Dios con todo el corazón, con entera y absoluta pasión. Aferrarnos a Su Palabra como el bebé al seno de su madre, porque sabe que de ahí sale el alimento que lo sustenta.

Tienes que creer que todas las cosas que te suceden obran a tu favor. De hecho, nada de lo que te acontece en la vida es por accidente o por casualidad. La Biblia dice que por Dios son ordenados los pasos del hombre. Por ejemplo, observa el caso que aparece en Marcos 4:35-41. Jesús había enseñado todo el día sobre la forma en que reacciona el corazón de los hombres ante la Palabra de Dios.

Luego de explicarle a todos por parábolas, la Biblia registra que a sus discípulos en particular les explicó todo. Lo que ellos no sabían era que en aquella explicación Jesús los estaba incluyendo. Ellos serían los de "corta duración" (v.17), los que la tribulación y persecución por causa de la palabra los haría tropezar y decaer en la fe. Esa misma noche se darían cuenta de lo poco que conocían a su Maestro.

No es lo mismo enfrentar una tormenta de día que hacerlo de noche. Es de noche cuando nuestras defensas personales decaen. Es de noche cuando los pensamientos más macabros aterrizan en nuestra imaginación para aguijonearnos el alma. Donde los miedos asaltan y la ansiedad aumenta. Donde la fe en el Creador tiende a tambalearse. Ahí, mi hermano, es donde la Palabra de Dios se convierte en lumbrera; tiene que hallar cabida en nuestro corazón para creer que llegaremos al otro lado, levántese lo que se levante.

Vale la pena entonces saber, que si el arca tipificó a Cristo, y la familia de Noé es representación de la nuestra, existe una absoluta garantía de que llegaremos al otro lado sanos y salvos. Aunque eso signifique atravesar por el mismo centro de un diluvio de problemas. Lo importante es que Jesús está metido con nosotros en la barca y nos demostrará que es el Señor de la Creación.

Ese viento de tempestad es sólo ruido que pronto cesará. Es oportunidad proporcionada por Dios para que aprendamos a remontarnos en alturas como lo hace el águila. Recuerda que mediante el conocimiento de Dios, tú puedes convertir el dolor en poder de lo alto, y puedes cambiar la naturaleza de los conflictos. Solamente tienes que sacar fuerzas de debilidad. Dile al Señor que te muestre su propósito, que te capacite, que adiestre tus dedos para la batalla y haga de ti un guerrero espiritual. Esa lucha sin cuartel en la que te encuentras tiene un final feliz.

El Espíritu Santo como agente secreto está operando en tu interior cambios permanentes. Así que, ocupa tu mente en cosas positivas, oxigénala con la Palabra de Dios.

OCÚPATE DE TU INTERIOR CUANDO NO PUEDAS HACER NADA EN EL EXTERIOR

El mundo afuera estaba cayéndose en agua, pero Noé sabía que aquello era asunto de Dios. Así como tu marido, tu mujer, tus hijos, etc., son asunto de Dios. Nada podía hacer Noé al respecto, ni para evitarlo, ni para mejorarlo. Así que, lo mejor que podía hacer era ocuparse de las cosas de adentro, y así lo hizo. Atendió a los animales, les dio de comer y se dedicó cuidadosamente a aprender de ellos también.

Mientras tanto, el altar familiar no faltaría dentro de su nueva casa flotante para que todos juntos pudiesen llevar la fiesta en paz. Es necesario que te convenzas de que hay situaciones que no podrás cambiar en tu vida. Están para suceder y punto. Solamente a ti y a mí, nos resta confiar en Dios y esperar a que todo vuelva nuevamente a la normalidad.

Alguien dijo en cierta ocasión que no podemos dudar en los

momentos de tinieblas lo que Dios alguna vez nos dijo a plena luz del día. ¡Cuán ciertas son esas palabras! Los verdaderos héroes de la fe son los que han aprendido a creerle a Dios y a descansar en Él, en medio de la peor tempestad (Ver el cap. 27 y 28 del libro de los Hechos).

Te pregunto, ¿qué es mejor? ¿pasar un diluvio dentro de un refugio, aunque las aguas se eleven por encima del nivel que crees poder soportar? o ¿pasar el diluvio a la intemperie y con el 100% de probabilidad de perecer ahogado?

Indiscutiblemente yo prefiero pasarlo en un refugio aunque no vea la luz del día por mucho tiempo. Máxime si sé que es Dios quién ha cerrado la puerta. La vida vale mucho para exponerla ante la muerte, por no aceptar las cosas al modo de Dios.

Uno de los versos que más captó mi atención en el capítulo siete de **Génesis** fue el verso **dieciocho**:

"Y subieron las aguas y crecieron en gran manera sobre la tierra; y flotaba el arca sobre la superficie de las aguas".

Inmediatamente me acordé de la promesa que Dios le hizo a su pueblo Israel.

"Cuando pases por las aguas, *yo estaré contigo;* y si por los ríos, *no te anegarán.* Cuando pases por el fuego, no te quemarás ni la llama arderá en ti" (Isaías 43:2, énfasis añadido).

HAY MOMENTOS PARA NADAR Y MOMENTOS EN QUE HAY QUE APRENDER A FLOTAR...

La habilidad de flotar es la que todos necesitamos desarrollar en Cristo Jesús cuando atravesamos por diversas pruebas. ¿A qué me refiero con flotar? Existen dos formas básicas de hacerlo: o se flota sobre el agua o en el espacio sideral. Fíjate que el arca era la que flotaba, pero dentro del arca "también flotaban" (guardadas) las vidas de los que en ella estaban. Eso significa que nuestra vida está escondida con Cristo en Dios (Colosenses 3:3). No flotamos sobre la base de la habilidad propia ni del conocimiento que tenemos sobre la materia que dominamos.

¡Lo viste! Los discípulos conocían las peripecias del mar por ser pescadores, pero a la hora de la verdad, se atemorizaron y pensaron que perecerían. Lo mismo sucede con nosotros. Por eso, es necesario que conozcamos a Dios y aprendamos a descansar en Él.

Noé sabía que cuando Dios daba instrucciones acerca de algo, alguna razón de peso había en ello, y era menester obedecerle. El arca fue para él más que un refugio. Fue la provisión de Dios donde Noé depositó su fe y confianza. La Biblia dice que por su fe condenó al mundo de su época (Hebreos 11:7). ¿Y tu fe? ¿Será lo suficiente fuerte como para condenar a los incrédulos de este siglo?

Amado lector, la fe ocupa el primer lugar en todo. Es la forma correcta que tenemos para acercarnos a Dios (Hebreos 11:6). Es el único elemento que nos garantiza mover montañas (Mateo 17:20). Es el estilo de vida del justo (Habacuc 2:4). Es el acto que hace que el corazón de Dios se conmueva (Mateo 15:28).

La fe dinámica es la que le cree a Dios sin pedir confirmación. Es negarte por completo a que el diablo juegue con tus emociones. Es la fe que alumbra el espíritu y nos abre los ojos del entendimiento para andar conforme a Su voluntad (2º Corintios 5:7).

Fe es la determinación de ver lo que crees, para no creer lo que ves (Hebreos 11:1). Es depender por completo de Aquel que llama las cosas que no son como si fuesen (Romanos 4:17). La fe, mi hermano y amigo, es lo único que nos sostiene en tiempos de prueba y tentación (Lucas 22:32).

Eso fue lo que hizo posible que Noé aguantara por cuarenta días y cuarenta noches la furia de un mar embravecido afuera y el hedor del medio ambiente que lo rodeaba adentro.

Atiéndeme bien, la salud mental y emocional de una persona comienza cuando aprende a aceptar la vida tal y como es.

Dios dijo:

> "Mientras la tierra permanezca, no cesarán la sementera y la siega, el frío y el calor, el verano y el invierno, el día y la noche" (Génesis 8:22).

¿Entiendes lo que significa esto? La vida es un ciclo. Ese diluvio no es eterno, pasará. Después de la tormenta viene la calma, viene la paz. Es Dios quien lo ha prometido. Así que, créelo, comienza a declararlo con tu boca y sigue caminando con Él de la mano. Recuerda que las tormentas cuando tocan tierra, pierden su fuerza y finalmente se deshacen.

CUARENTA DÍAS Y CUARENTA NOCHES, ¿QUÉ PUEDEN SIGNIFICAR?

Pueden significar muchas cosas. Sólo te haré referencia a los cuarenta días y las cuarenta noches en la vida de algunos personajes bíblicos.

> "Y hubo lluvia sobre la tierra *cuarenta días y cuarenta noches*" (Génesis 7:12, énfasis añadido).

> "Venía, pues aquel filisteo por la mañana y por la tarde, *y así lo hizo durante cuarenta días*" (1º Samuel 17:16).

> "Se levantó, pues, y comió y bebió; y fortalecido con aquella comida caminó *cuarenta días y cuarenta noches* hasta Horeb, el monte de Dios" (1º Reyes 19:8).

> "Y luego el Espíritu le impulsó al desierto. Y estuvo allí en el desierto *cuarenta días,* y era tentado por Satanás, y estaba con las fieras; y los ángeles le servían" (Marcos 1:12-13).

¿No te parece curioso el detalle de que en todos estos pasajes bíblicos hubo un período de cuarenta días y cuarenta noches? No pienso hacer de esto una exégesis; lo que quiero es captar tu atención sobre lo que está implícito en cada uno de estos versos.

Primero, **un período de juicio** sobre la tierra. Segundo, **un período de amenaza** y desafío hacia el pueblo de Dios. Tercero, **un lapso de cambios drásticos** en la vida de un profeta. Cuarto, **un período fuerte de tentación y prueba.** ¿No son todos estos períodos que a nosotros nos parecen interminables? Sin embargo, todos ellos cesaron en un momento dado. Cesó el juicio, cesó la amenaza, la depresión, la tentación y hubo victoria total. Eso es lo que me interesa que mires en estos momentos. "No hay mal que dure cien años, ni cuerpo que lo resista." Entonces no te quedes paralizado ante las pruebas. Dile a tu alma: "Marcha, oh alma mía, con poder" (Jueces 5:21).

Ejercita tu fe. Clama en dirección correcta. Levanta un altar cada vez que Dios te lleve a un nuevo lugar. Habla positivamente. Tu manera de hablar aumentará o disminuirá tu crisis. Refúgiate en Dios. Si no puedes con la carga que llevas, procura de inmediato una audiencia con el Señor, sin dilatar más el asunto.

Métete en ayuno y oración, no seas vago. El problema de muchos es que quieren ser librados por la vía fácil, sin pagar un precio. El ayuno y la oración no son para persuadir a Dios a obrar en tu favor o según tu conveniencia, sino para que quebrantes el yugo de orgullo que está en ti y que impide que te acomodes a Su plan y a Su propósito. Por eso, pues, ahora dice Jehová:

> *"Convertíos* a mí con todo vuestro corazón, con ayuno y lloro y lamento. *Rasgad* vuestro corazón, y no vuestros vestidos, y convertíos a Jehová vuestro Dios... *Tocad* trompeta en Sión, *proclamad* ayuno, *convocad* asamblea. *Reunid* al pueblo *santificad* la reunión..." (Joel 2:12-13 y 15-16, énfasis añadido).

> "¿No es mas bien el ayuno que yo escogí, *desatar* las ligaduras de impiedad, *soltar* las cargas de opresión, y *dejar ir* libres a los quebrantados, y que *rompáis* todo yugo? ¿No es que *partas* tu pan con el hambriento, y a los pobres errantes *albergues* en tu casa; que cuando veas al desnudo, lo *cubras* y no te escondas de tu hermano? (Isaías 58:6-7, énfasis añadido).

Si solamente obedecieras lo que está escrito en la Palabra de Dios, ¡cómo cambiarían las cosas en tu vida! Conviértete, rasga tu corazón, proclama ayuno, convoca y reúne al pueblo (tu familia), santifícate, desátate, suelta, rompe yugos, comparte y cubre a tu hermano.

Nadie como el Señor para saber con certeza lo que necesitas en tiempos de angustia. Él es la fuente que sacia tu más íntima necesidad. Es una vil mentira la que Satanás ha intentado hacerte creer con eso de que estás solo o que Dios ya no te escucha. No le creas esas pamplinas al diablo. Cree en el Dios que la Biblia presenta. Que si alguno es temeroso de Él, a éste oye. El que en medio de las pruebas ha prometido estar contigo siempre. Independientemente de que te libre o no de algunas circunstancias, como quiera, sírvele, porque Él es digno y Su Grandeza y Su Poder sobrepasan cualquier situación que pueda venir a tu vida.

Mayor es el que está en ti que el que está en el mundo. Nunca olvides esto: podrán venir diluvios de problemas a tu alrededor, pero a ti no llegarán porque el Señor, que ¡tanto te ama!, se encargará de encerrarte por un tiempo por el bien de tu alma. Te repito... ¡por el bien de tu alma!

Descubrir el propósito de ese encierro será tu más elevada y grande misión. No quiero concluir este capítulo sin llevarte a un último verso que considero importantísimo en el proceso de la espera en Dios.

> "Y las aguas *decrecían gradualmente* de sobre la tierra; y se retiraron las aguas al cabo de ciento cincuenta días" (Génesis 8:3, énfasis añadido).

El pueblo de Israel recibió instrucciones de parte de Dios acerca de la tierra que Él les daría en posesión, de la cual les dijo:

> "Yo enviaré mi terror delante de ti y consternaré a todo pueblo donde entres, y te daré la cerviz de todos tus enemigos. Enviaré delante de ti la avispa, que eche fuera al heveo, al cananeo, y al heteo, de delante de ti. No los echaré de delante de ti en un año, para que no quede la tierra desierta, y se aumenten contra ti las fieras del campo. *Poco a poco* los echaré de delante de ti, *hasta que te multipliques* y tomes posesión de la tierra" (Éxodo 23:27-30, énfasis añadido).

¿Observaste? ¿Por qué Dios establece que será gradualmente? ¿Por qué poco a poco? ¿Por qué hasta que ellos se multiplicaran? Amado hermano y amigo, lo que Dios intenta en medio de ese diluvio de situaciones que estás atravesando es fortalecer tu fe y hacerte fructificar.

Siempre me pareció curioso que el pueblo de Israel mientras más oprimido era por sus enemigos, más crecía y se multiplicaba.

Lo que algunos ignoran es que la verdadera unción de una persona en su ministerio reposa sobre sus vivencias y el desarrollo de su fe. El evangelio no es teoría sino práctica. Además, hay una promesa que no falla para los que servimos a Dios de corazón.

> "Él da *esfuerzo* al cansado, y *multiplica* las fuerzas al que no tiene ningunas" (Isaías 40:29, énfasis añadido).

Dios da y multiplica. ¡Recibe su fortaleza ahora mismo! Si las pruebas han sido grandes, mucho más grande es la bendición que está reservada para ti.

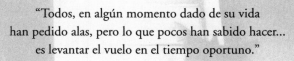

"Todos, en algún momento dado de su vida
han pedido alas, pero lo que pocos han sabido hacer...
es levantar el vuelo en el tiempo oportuno."

Rosita Martínez

Capítulo 3

No aguanto el encierro

"Y los que vinieron, macho y hembra de toda carne vinieron, como
le había mandado Dios; y Jehová le cerró la puerta".

(Génesis 7:16)

¡Alas! ¿Alguna vez le has pedido al Señor un par de alas para
volar? ¿Eres de los que llevas por dentro el impetuoso instinto
de escapar ante las cosas que crees no poder soportar? Yo sí, y David
también...

"Denme un par de alas para irme lejos", exclamó David en una
ocasión (Salmo 55: 6-7). ¡Oh! ¡Cuántas veces yo también las he
pedido! David quería escapar si fuera posible al desierto. Le resul-
taba más placentero estar solo que enfrentar el dolor de la traición
de su mejor amigo. ¡Cualquiera pide alas! Las próximas páginas
están dedicadas a todos aquellos que están atravesando por un
momento de "encierro". Lo llamaré un "santo encierro", que no es
lo mismo ni se escribe igual.

ALGUNOS ENCIERROS SON NECESARIOS PARA NUESTRA PROTECCIÓN Y SALVACIÓN

La Biblia no nos da detalles acerca de lo que sintió Noé el día que
Dios cerró la puerta. Lo único que podemos deducir es que aquel
"encierro" era parte del proceso de Dios para tratar con él y con su
familia, y del cuidado incesante que Dios tiene de todas sus obras.

La palabra "encierro" puede significar muchas cosas: prisión,
encarcelamiento, incomunicación, aislamiento, la puerta que se

cierra, la tranca que se coloca para que nadie entre o salga, etc. De hecho, la palabra viene del latín "serare" verbo derivado de "ser" que significa "tranca", de cuyo origen probablemente nacen nuestras voces cerrojo y cerradura.

¿Sabías que ésta es una de las etapas por las que todos tenemos que atravesar y en la que comúnmente también todos decimos lo mismo: "No aguanto el encierro" ¿Sabes de dónde nace la negativa? De nuestra poca o ninguna disposición en aceptar que fue Dios el que cerró la puerta. Acuérdate que estoy tocando de cerca las áreas que tienen que ver con tu sentir y tus famosos, y casi eternos, estados de ánimo respecto a las cosas que te pasan. Tu acostumbrada forma de percibirlas e interpretarlas, y sobre todo la manera en que respondes ante ellas.

Cuando revisé las dimensiones del arca descubrí algo. Después de que Noé acomodó a todos los animales y los víveres, aún sobraba espacio. Según los estudiosos de la materia, han dicho que el sobrante era el equivalente a la capacidad de cuatrocientos ochenta vagones de ganado como los que se usan hoy día en los ferrocarriles; o el equivalente a veinte canchas de baloncesto juntas.

En otras palabras, Noé no estaba 'tan encerrado' como parece. Sólo estaba puesto a salvo, protegido y con suficiente libertad para moverse dentro del arca como él quisiera. Jesús lo enseño de otro modo:

> "Si vosotros *permaneciereis* en mi palabra, *seréis* verdaderamente mis discípulos; y *conoceréis* la verdad, y la verdad los hará libres" (Juan 8:31-32, énfasis añadido).

Pablo dijo:

> "Porque vosotros, hermanos, a libertad fuisteis llamados; solamente que no uséis la libertad como ocasión para la carne..." (Gálatas 5:13).

¿Te fijaste en las palabras que subrayé en el texto? Permanecer, ser y conocer. Ahora mismo yo sé que hay muchos que no "aguantan", por así decirlo, el verse privados de ciertas "libertades". Como por ejemplo:

- La libertad a la libre comunidad porque están físicamente confinados en una institución penal.

- La libertad de la "soltería" porque se casaron pensando en yo no sé que cosa y quieren seguir viviendo como antes, sin asumir ningún tipo de responsabilidad.
- La libertad de hacer lo que te da la gana, y te advierto que este tipo de "libertad" no es otra cosa, sino esclavitud crasa.

Mi amigo, mi amiga, y ahora me dirijo a aquellos que están físicamente en una cárcel. Ese "encierro" en el que estás, en ninguna manera es placentero, pero para algunos de ustedes (pues otros están ahí injustamente) ha significado el ser librados de una muerte prematura. Dios te encerró a tiempo para librarte de que te "limpiaran el pico" en la calle. Agradécelo y aprovecha el momento para servirle ahí donde estás. Tu verdadera libertad no está condicionada por los barrotes externos de una institución. Puedes estar preso y sentirte libre, como también estar libre y sentirte preso en tu interior. En un momento dado, en el Salmo 142, David le dijo al Señor, "saca mi alma de la cárcel, para que alabe tu nombre", y David no estaba preso físicamente. ¿Qué es mejor? Dime tú.

Otros, quizás han tenido que ser llevados a programas de rehabilitación por problemas de droga, alcohol, sustancias tóxicas, pastillas, etc. Dale gracias a Dios por ese "encierro", porque mientras estés ahí, existe la posibilidad de que puedas ser restaurado, obviamente si fuiste con la mentalidad de buscar a Dios y no mirar al hombre.

Soy una persona realista y sé que en todo lugar se "cuecen habas". Que hay lugares que no son los mejores para estar, pero cuando de alcanzar liberación se trata, aunque los que estén a nuestro lado no den testimonio alguno de haber conocido a Dios, uno tiene que aprovechar el momento. Procura, pues, si estas en algún programa, terminar tu tiempo ahí y no salir hasta haber completado toda la disciplina del tratamiento. No sea que por salir de ese encierro caigas en uno peor. No te aventures a descansar sobre tus propias fuerzas porque la Biblia dice que no se puede (1º Samuel 2:9).

JONÁS, UN VIVO EJEMPLO DE LO QUE IMPLICA "EL ENCIERRO" DE DIOS

Uno de los hombres que vivió al máximo lo que se llama un verdadero "encierro de Dios" fue Jonás. Todos conocemos su historia.

Un llamado personal de parte de Dios, una orden no acatada, un viaje en dirección opuesta, seis descensos en secuencia, una tormenta, un naufragio y "¡chuculún!" directo al vientre de un gran pez. ¡Tremendo lugar para pasar unas vacaciones!

Aquí lo esencial no es la forma que Dios usó, sino el mensaje que está implícito. Dios no desiste fácilmente cuando de perdonar y salvar se trata. Ese es uno de sus más elevados propósitos. Nínive estaba en su corazón, aunque Jonás se resistiera al llamado.

Algunos "encierros" son necesarios para que Dios trate con nosotros. Especialmente con esos arrebatos de desobediencia que nos entran de vez en cuando o de desobedecer a medias, que para el caso es lo mismo. A Jonás le costó tres días de encierro, ¿cuántos te ha costado a ti? Cuando Dios ordena hacer algo, es mejor que lo hagas, si no quieres pagar consecuencias. Después de aquel "encierro", Jonás no fue el mismo. Aquella experiencia le cambió la vida. Observa sus palabras de confesión. Compruébalo tú mismo... a lo mejor también te animas a confesarte...

> "Entonces oró Jonás a Jehová su Dios desde el vientre del pez, y dijo: Invoqué en mi angustia a Jehová y él me oyó; desde el seno del Seol clamé, y mi voz oíste. Me echaste a lo profundo, en medio de los mares, y me rodeó la corriente; todas tus ondas y tus olas pasaron sobre mí. Entonces dije: Desechado soy de delante de tus ojos; mas aún veré tu santo templo. Las aguas me rodearon hasta el alma, rodeome el abismo; el alga se enredó a mi cabeza. Descendí a los cimientos de los montes; la tierra echó sus cerrojos sobre mí para siempre; *mas tú sacaste mi vida de la sepultura,* oh Jehová Dios mío. Cuando mi alma desfallecía en mí, me acordé de Jehová, y mi oración llegó hasta ti en tu santo templo. Los que siguen vanidades ilusorias, Su misericordia abandonan. Mas yo con voz de alabanza te ofreceré sacrificios; pagaré lo que prometí. La salvación es de Jehová. *Y mandó Jehová al pez, y vomitó a Jonás en tierra"* (Jonás 2, énfasis añadido).

Finalmente, Dios lo sacó de ahí, pero tuvo que pasar un "encierro" de tres días y tres noches. ¿Qué te recuerda esto? ¿No ves a Cristo tras bastidores, identificándose con el hombre?

> "La generación mala y adúltera demanda señal; pero señal no le será dada, sino la señal del profeta Jonás. Porque como

estuvo Jonás en el vientre del gran pez tres días y tres noches, así estará el Hijo del Hombre en el corazón de la tierra tres días y tres noches" (Mateo 12:39-40).

Dios tuvo que encerrar a Jonás para quebrantar su corazón y confrontarlo consigo mismo. En oración fue dicho: "Sácame de aquí". Ahora, ¿has notado algún cambio en tu vida a raíz de atravesar un "encierro" de parte de Dios? ¿Con qué te confrontaste en el tiempo en que estuviste "encerrado" y lejos de los seres que amas? ¿Te has dado cuenta que ese "encierro" ha sido un período de preparación y purificación? Estas son las preguntas que sólo tú puedes contestar. Permite que los "encierros" de Dios se conviertan en una tremenda bendición para tu vida y te sirvan de experiencia para aprender a sujetarte a la autoridad divina.

¿POR QUÉ MIRAR LOS "ENCIERROS" COMO ALGO NEGATIVO Y NO POSITIVO?

Si hay alguien que puede hablar de "encierros" soy yo. Aunque estoy consciente de que los míos comparados a los de otros, no son prácticamente nada. Pero bueno, todos pasamos experiencias que nos dejan huellas y de las cuales aprendemos muchísimo.

De niña, siempre fui muy rebelde porque mis padres eran personas extremadamente cuidadosas en el asunto de protección de sus hijos. Tanto así que, mientras mis amiguitos jugaban afuera, yo tenía que conformarme con mirarlos por la ventana, porque si jugaba con ellos podía caerme y darme un golpe. Se puede decir que yo vivía tras las rejas de mi casa que, sin exagerar, eran dos portones y sobre cada uno había tres candados, para que (según papi) nada malo me sucediera.

Recuerdo que cuando llegaba visita a la casa y veían a mi padre sacar las llaves, le decían: "Don Ramón, ábranos la prisión". Para papi eso era un chiste, para mí no. ¡Gracias a Dios por las visitas que llegaban! Esto significaban para mí la gran oportunidad de desaparecer. Pues bien, aquellos "encierros" aparentemente eran una bobería, pero después que crecí me di cuenta que los llevaba por dentro. Era como una especie de pájaro enjaulado, sin voluntad alguna para tomar decisiones por mí misma hasta que Dios me abrió la puerta y me enseñó a volar "En Alas de la Fe".

Hoy le doy gracias a Dios por todos aquellos "encierros" que logré superar, ya que me han servido como herramientas para ministrarle a otros en mi caminar de vida cristiana. ¿Sabes qué es lo difícil de todo esto? Que hay "encierros" que te encaran con tu propia incapacidad para tratarte a ti mismo.

Y aquí quiero hacer un paréntesis para hablar algo con relación a la sanidad emocional.

Probablemente tú, como tantos otros, has vivido largos periodos de tu vida bajo condiciones negativas, de mucha tensión y soledad: tales como la impartición de castigos injustos, distintas formas de maltrato a niveles físicos, emocionales, verbales, sicológicos, sexuales y hasta religiosos.

Estas situaciones a su vez generaron en tu interior inconscientemente ciertos 'volcanes', y cuando te ves amenazado o acorralado por el fracaso, irrumpes en 'erupciones' de toda índole. Vuelves a sentir la misma sensación de impotencia que tuviste de niño para defender tu causa. Tu percepción se altera, tus reacciones emocionales también. Estallas en gritos, ira y llanto porque no sabes qué hacer. Eso es lo que te hace exclamar "no aguanto esto o aquello". ¡Se enferma cualquiera! Y Dios lo sabe muy bien, por eso es que viene a tu encuentro, para sacarte de ahí. ¿Qué hacer en un caso como éste cuando tu verdadero "yo" está atrapado dentro de ti?

Primero, tienes que querer ser sano. En innumerables ocasiones hablé con gente que en realidad no desean sanidad, están habituados (adictos) a hablar de sus problemas para que les tengan pena y así mantener una causa "justificada" para albergar rebeldías en el corazón. Jesús le preguntó al paralítico de Betesda, ¿quieres ser sano? Lo hizo sabiendo perfectamente que el hombre llevaba treinta y ocho años en esa condición. ¿Qué cosa, no? ¿Por qué se lo habrá preguntado? Dejo esa contestación al plano de tu imaginación...

Segundo, debes reconocer tus actitudes equivocadas y confesárselas al Señor. Cualquier enojo, resentimiento, rebelión y malestar acumulado contra Dios, contra alguien o contra ti mismo. Esto lo logras cuando te escuchas hablar y te percatas tú mismo de tu condición. David dijo:

> "¿Quién podrá entender sus propios errores? *Líbrame* de los que me son ocultos. *Preserva* también a tu siervo de las soberbias; que no se enseñoreen de mí; entonces seré íntegro, y estaré limpio de rebelión" (Salmo 19:12-13).

Tercero, tienes que pedirle a tu pastor, a un hermano en la fe o a un anciano de la iglesia, alguien de confianza y de intachable testimonio, que te ayude orando a tu favor.

Santiago dice:

> "¿Está alguno enfermo entre vosotros? *Llame* a los ancianos de la iglesia, y *oren* por él, ungiéndole con aceite en el nombre del Señor. Y la oración de fe salvará al enfermo, y el Señor lo levantará; y si hubiese cometido pecados, le serán perdonados. *Confesaos* vuestras ofensas unos a otros, y orad unos por otros, para que seáis sanados. *La oración eficaz del justo puede mucho*" (Santiago 5:6, énfasis añadido).

Cuarto, dependiendo de cual sea el caso, si la condición lo amerita, debes acudir a un profesional de la salud. Me refiero a un consejero, sicólogo, siquiatra o médico cristiano. Que conste, debe ser cristiano, porque solo ellos toman en cuenta la dimensión espiritual del hombre. Hace falta algo más que estudios analíticos, técnicos u objetivos. Se necesita profundizar. No obstante, permíteme añadir algo más; existen casos específicos de depresión y enfermedades que no tienen nada que ver con demonios o ataduras, sino que son causados por desbalances químicos en el cuerpo, o traumas y trastornos emocionales que requieren de cierto tipo de psicoterapia o medicamentos.

Digo esto porque nosotros, los cristianos, estamos llamados a ser gente práctica, con una mente abierta, gente educada, apta, eficiente en nuestro trabajo tratando con vidas, para no cometer el error de espiritualizarlo todo. Son múltiples los factores que se entremezclan: problemas físicos, sicológicos, morales, espirituales, de temperamento, etc., y en muchas ocasiones las personas no reciben el tratamiento adecuado.

¿Sabe usted cuantas veces he visto ministros caerle arriba a alguien reprendiendo cosas que en realidad estas personas no tenían? He ahí la razón por la cual se debe buscar la ayuda correcta. Recordemos que el hombre en sí mismo es una unidad. Lo que vive en su cuerpo corresponde a lo que hay en su alma (psique) y en su espíritu (la parte que se comunica con Dios).

Es por eso que David oraba, y en su diálogo le pedía a Dios que lo librara de lo que le era oculto. Así que, pídele al Señor que te muestre si hay algo oculto que tú no conoces o que no recuerdes de haber atravesado en tu niñez a voluntad. Una vez que Dios comience a trabajar en ti, date tiempo tú mismo hasta que tus emociones sanen, y no le des tregua al diablo. Rechaza todo síntoma que quiera regresar a ti. Hazle frente con oración y ayuno si es necesario, hasta que venzas el sentir que te está dominando. David también dijo:

"Examíname, oh Dios, y conoce mi corazón; Pruébame y conoce mis pensamientos" (Salmo 139:23, énfasis añadido).

En mi segundo libro hablo específicamente de algo que Dios hizo en mi interior, para sacarme de uno de esos "encierros emocionales" que subyugó mi vida por veinte largos años. Pero por ahora, te dejo con la curiosidad...

EL ENCIERRO DE JOSÉ, UN PLAN PREVIAMENTE DISEÑADO POR DIOS

Aquí tienes a otro caso, el de José. El muchacho que tuvo que atravesar grandes momentos de crisis para ver sus sueños realizados, tal y como Dios se lo había mostrado en revelación (Ver Génesis 39). El problema era que lo que le sucedió a su temprana edad no armonizaba con las promesas que Dios le había hecho. Volvemos a lo mismo, el asunto del tiempo. Mira lo que dijo José a sus hermanos, después de vivir sus propias tragedias familiares:

"Ahora, pues no os entristezcáis, ni os pese de haberme vendido acá; porque *para preservación de vida me envió Dios delante de vosotros.* (...) Y Dios me envió delante de vosotros, para preservaros posteridad sobre la tierra, y *para daros vida por medio de gran liberación.* Así, pues, no me enviasteis acá vosotros, *sino Dios* que me ha puesto por *padre* de Faraón y por *señor* en toda su casa, y por *gobernador* en toda la tierra de Egipto" (Génesis 45:5, 7, 8, énfasis añadido).

Ciertamente José forma parte de la tipología de Cristo, pero también es un personaje bíblico que debe servirnos de inspiración. La historia de José generalmente se enfoca en base a su pasado doloroso, pero son pocos los que hablan de su éxito permanente. Definitivamente esto es para nosotros una gran lección. Conscientiza nuestra alma, purifica nuestro corazón y perfecciona nuestra fe. Hemos de intuir entonces que, si con Su poder Dios puede evitar que me sucedan ciertas cosas y aún así no lo hace, se debe a que un maravilloso plan se esconde detrás de todo eso, y pronto saldrá a la luz.

Hay solamente una clave para entenderlo y es cuando ponemos el objetivo de la vida más allá de la vida misma. Hay que vivir como dicen las Escrituras, al estilo de Hebreos 12:1 y Hechos 1:10. (Búscalo para que te enteres de qué trata, ¡no seas vago!) ¡Qué falta le hace a muchos regresar a los principios bíblicos y a un compromiso serio y responsable con Dios!

Amigo, no dejes que las luchas del diario vivir se conviertan en la sustancia de la vida para ti. No pierdas la esperanza, aún queda mucho que recorrer. Háblale con autoridad a tu alma y dile:

"¿Por qué te abates, oh alma mía, y por qué te turbas dentro de mí? *Espera en Dios;* porque aún ha de alabarle, Salvación mía y Dios mío" (Salmo 43:5, énfasis añadido).

Para resumir; ¿qué haces cuando el encierro en el que estás no viene de parte de Dios, sino que lo has creado tú por tus culpas o verguenzas que aún no has resuelto? Es menester que le entregues esa carga a Dios ahora mismo.

"Echa sobre Jehová tu carga, y *Él te sustentará; no dejará* para siempre caído al justo" (Salmo 55:22, énfasis añadido).

"En el día que temo, *yo en ti confío.* En Dios *alabaré su palabra;* en Dios he confiado; *no temeré* ¿Qué puede hacerme el hombre?" (Salmo 56:4, énfasis añadido).

Por otro lado, ¿en qué vas a invertir tu tiempo mientras el milagro ocurre y logras ver esa puerta de la libertad abierta frente a ti? He aquí lo que hicieron algunos héroes de la fe en medio de sus encierros personales.

Job en medio de su enfermedad y su amarga soledad dijo:

"Todos los días de mi edad *esperaré, hasta que venga mi liberación"* (Job 14:14, énfasis añadido).

Y la liberación le vino a Job, y jamás fue el mismo. La Biblia registra que Dios bendijo el postrer estado de Job, más que el primero, y murió viejo y lleno de días (Job 42:12,17).

Habacuc en medio de una perversa generación que lo rodeaba dijo:

> *"Sobre mi guarda estaré* y sobre la fortaleza *afirmaré el pie,* y *velaré para ver lo que se me dirá,* y qué he de responder tocante a mi queja" (Habacuc 2:1, énfasis añadido).

El profeta habla de velar en el espíritu comparándose al centinela que guarda el exterior desde su puesto de guardia. Él aguarda pacientemente por una respuesta y efectivamente Dios se la dio a su debido momento.

Moisés en el desierto dijo:

> *"Iré* yo ahora y *veré* esta grande visión..." (Éxodo 3:3, énfasis añadido).

He aquí un encuentro memorable de revelación. Antes de que Dios le revelara Su Nombre y lo llamara a la tarea de libertar a su pueblo tendría que tener una experiencia de la manifestación y de la gloria de Dios. Lo mismo sucedió con Abraham y aquella antorcha de fuego que se paseó entre los animales divididos del pacto que Dios hizo con él. El suceso de la zarza me transporta a pensar que Dios le estaba mostrando a Moisés su propósito con el pueblo de Israel. Los purificaría, los refinaría pero no los consumiría ni los destruiría, a pesar de la dureza de sus corazones.

¿Y tú? ¿Qué dices? Por lo pronto yo he aprendido a caminar sobre mis circunstancias, a esperar en Dios, a guardar reposo en mi espíritu, afirmar mis pies cuando visualizo a lo lejos una posible tentación, y velar por mi vida para caminar en pos de Su bendición. Vivo segura de que Dios tiene el control absoluto de mi ser.

Mi recomendación en medio de ese encierro es que clames a Él para que te ayude a expulsar de tu mente todos esos pensamientos negativos que tienden a deprimirte y a desanimarte. Que luches contra todo lo que trata de aplastar tu fe. Que contiendas por ella (Judas 1:3). Concéntrate en ese fruto que está por nacer cuando salgas de ese claustro. Entiende que el que tiene la llave para abrir esa puerta se llama Jesús y nadie más.

Mientras estés ahí, ocúpate en algo positivo. Descansa, aliméntate bien, tanto en lo espiritual como en lo físico. Ora, estudia, proyéctate hacia una vida próspera, sueña con un futuro de excelencia. Hazlo por ti mismo. Cultiva tu vida espiritual, crece en tu relación con Dios, trázate nuevas metas, concíbete libre como el viento. Recuerda que tu presente pronto será un pasado que debes dejar atrás para abrazar nuevos horizontes. Te aseguro que al igual que Noé, de un momento a otro el "vaivén" del arca sobre las aguas de tu vida se detendrá y tendrás que abrir la ventana para darte cuenta que afuera todo está dispuesto y preparado para tu salida. ¡Vamos! ¡Llegó la hora!

"Tratar de abrir una puerta
sin mirar antes por la ventana
es sumamente peligroso, no lo hagas...
porque puedes estar dando un paso
fuera del tiempo y la voluntad de Dios".

Rosita Martínez

Capítulo 4

Es hora de abrir esa ventana

"Sucedió que al cabo de cuarenta días, abrió Noé la ventana del arca que había hecho, y envió un cuervo, el cual salió, y estuvo yendo y volviendo hasta que las aguas se secaron sobre la tierra. Envió también de sí una paloma, para ver si las aguas se habían retirado de sobre la faz de la tierra. Y no halló la paloma donde sentar la planta de su pie y volvió a él al arca, porque las aguas estaban aún sobre la faz de la tierra. Entonces él extendió su mano, y tomándola, la hizo entrar consigo en el arca. Esperó aún otros siete días, y volvió a enviar la paloma fuera del arca. Y la paloma volvió a él a la hora de la tarde; y he aquí que traía una hoja de olivo en el pico; y entendió Noé que las aguas se había retirado de sobre la tierra. Y esperó aún siete días, y envió la paloma la cual no volvió ya más a él".

(Génesis 8:6-12)

Llegó el momento tan esperado. Cesó el diluvio. El arca al fin reposó. ¿Dónde estaban? Eso aún no lo sabían, lo único que Noé deseaba era abrir la ventana para ver la luz del día y respirar aire fresco. ¡Qué dicha sentir que el viento nuevamente acariciaba su rostro! La Biblia nos da la clave: **abrió, envió, esperó y entendió.**

Si no te has dado cuenta, todas las palabras que **he oscurecido y enfatizado son la clave** para salir de cualquier condición en la que te encuentres. El proceder de Noé denota prudencia y precaución.

—¿Qué pasará allá afuera?, —exclamó su familia—.

—¿Se habrán cerrado por fin las fuentes del gran abismo?

—No lo sé, —dijo Noé—.

—¿Abrimos la puerta?, —preguntó uno de sus hijos.

—¡Un momento! Necesito el permiso de Dios para hacerlo. Por ahora sólo abriré la ventana para ver la condición del tiempo, —replicó Noé—.

VER DONDE OTRO NO VE ES VISIÓN, PERO VER DONDE OTRO SE NIEGA A VER ES UN RETO DE GRAN ALTURA

Todos los seres humanos necesitamos experiencias de ventana. Existen cuatro razones básicas por las cuales se hace necesario colocar por lo menos una ventana en una habitación. **Primero** que nada, para una adecuada ventilación. **Segundo**, para que haya una entrada de luz. **Tercero**, proporcionar visibilidad a los que viven dentro, y **cuarto**, para tener acceso al exterior.

Ventilación, luz, visibilidad y acceso. Graba bien esto en tu memoria, porque lo necesitarás en la vida. La vista es una función práctica de los ojos, pero mirar es una revelación del Espíritu. No todos los que ven, miran. Así como, no todos los que oyen, escuchan. Acompáñame un momento a la ventana y mira por ella. ¿Qué ves? Te advierto que la misión que se te encomendará allá afuera es grande y extensa. Respira profundamente porque necesitarás fuerzas nuevas.

Ha llegado la hora de dar a luz tu ministerio. De salir de las cuatro paredes. De dejar de depender del ser humano y convertirte en un hombre y en una mujer de fe. Sé efectivo. Dile a Dios que te corte el cordón umbilical de la dependencia emocional de las cosas. Habrá momentos en que tendrás que moverte por la palabra dicha por Dios, sin sentir absolutamente nada. La vida cristiana no se vive en base a sentimientos y emociones, sino sobre la base de lo que Dios ha dicho. Si Dios lo dijo, hay que obedecerlo aunque no siempre estemos de acuerdo con Él.

"Por la fe Noé, cuando fue advertido por Dios *acerca de cosas que aún no se veían,* con temor *preparó* el arca en que su casa se salvase; y por esa fe condenó al mundo, y fue hecho heredero de la justicia que viene por la fe" (Hebreos 11:7).

¿Estás obedeciendo a Dios? ¿Estás haciendo la provisión necesaria para que tu casa sea salva? ¿Has asumido tu posición como rey y sacerdote en tu núcleo familiar, o estás dejando que tu familia crezca "al garete"? En todo este viaje he observado algo digno de admirar en este hombre llamado Noé y ha sido su precaución al obrar. Y como reza el dicho: "Hombre precavido vale por dos".

Precavido, prudente, sabio, inteligente, creativo, audaz, competente, paciente, comedido, disciplinado, buen administrador, hombre de fe, entusiasta, e ingenioso. Creo que si hubiera vivido en su época me hubiera gustado casarme con él sólo por las virtudes que lo caracterizaban.

Pero volviendo al tema que nos incumbe. ¿No ves en esto a la divina providencia? ¿No ves el favor de Dios moviéndose con entera vehemencia por tu causa? El Dios de Noé es también tu Dios. Es el Dios que mantiene el Universo y dicta el curso a la naturaleza. El Dios que dirige y domina los elementos.

El que vela por sus criaturas y provee para todas y cada una de sus necesidades, hasta las mínimas, es nuestro Dios. **¡Gloria a Su nombre!**

Cuando te das a la tarea de escudriñar las Sagradas Escrituras, la experiencia es única. Es mucho más interesante que pasar tres o cuatro horas navegando en la red cibernética (Internet) y mucho más provechoso, te lo aseguro. Con la Biblia, mi hermano, aprendes porque aprendes; te educas, te edificas, te conservas puro, vives por encima de la negatividad porque te das a la tarea de oxigenar tu mente, y sobre todo te mantienes en comunión.

Toda esta trayectoria, desde que Dios le anuncia a Noé que vendría juicio, hasta que lo pone a salvo en tierra, estaba divinamente preparada para configurar una futura realidad espiritual que evidenciaría la justicia santa y perfecta de Dios. Es ahí donde tú y yo siempre estuvimos presentes en Su mente.

"Según nos escogió en Él antes de la fundación del mundo, para que fuésemos santos y sin mancha delante de Él, en amor habiéndonos predestinado para ser hijos suyos por medio de Jesucristo, según el puro afecto de su voluntad, para alabanza de la gloria de su gracia (favor) con la cual nos hizo aceptos en el Amado" (Efesios 1:4-6, énfasis añadido).

¿No te parece gracioso que la historia de Noé tenga tantas cosas en común con la nuestra? Es definitivamente una experiencia extraordinaria, llena de bendición e impregnada de significado, ya que no hace otra cosa, sino mostrar el grande y eterno amor que Dios siempre ha manifestado hacia el hombre.

TODOS NECESITAMOS EXPERIENCIAS DE VENTANA

¿Sabes algo? La mayor parte del tiempo la pasamos en contacto con cosas que tienen mucho que decirnos, pero al mismo tiempo pasan inadvertidas ante nuestros ojos. Como por ejemplo: Una ventana. ¿Qué tiene que decirme a mí una ventana?

Cuando leí las instrucciones que Dios le dio a Noé con respecto al modo de hacer el arca, curiosamente me detuve a mirar dos cosas: la puerta y la ventana. Era lo que hasta ese momento podía ver estando afuera. Después, cuando entré al arca, me fijé en los aposentos y los tres pisos de aquella inmensa nave. Piso bajo, segundo y tercero. ¡Qué inteligente es Dios, ¿verdad?! Bueno, y como el Espíritu Santo es así, tan especial, rápidamente trajo a mi memoria las palabras de Cristo, cuando dijo:

"Yo soy la puerta; el que por mí entrare, será salvo; y entrará, y saldrá y hallará pastos" (Juan 10:9, énfasis añadido).

¿No es esto una puerta de escape? No cabe duda que el arca es tipo de Cristo y la puerta, puerta de salvación. Pero, ¿la ventana? ¿Qué representaría la ventana? Al principio escribí cuatro razones por las que una ventana se coloca en un cuarto o habitación. *Ventilación, luz, visibilidad y acceso.* Me atrevo a asegurar que cuando termines de leer este libro habrá muchas cosas que cobrarán un nuevo significado en tu vida personal. Te pasará por lo menos cada vez que mires por una ventana o tengas que atravesar una puerta. Tómalo como una dinámica diaria de parte de Dios para tu vida. Veamos la primera...

TODOS NECESITAMOS VENTILACIÓN

¿Qué significa la palabra "ventilar"? Según el 'Diccionario Manual Ilustrado de la Lengua Española' (VOX) ventilar significa, hacer entrar el aire del exterior para expeler el viciado. Cuando leí esto estaba en mi cama y me dejé caer hacia atrás. ¡Wow! Es grandioso que tan sólo buscándole el significado a algunas palabras lleguemos a la comprensión de algunos de nuestros males.

¿Cuántos de ustedes llevan años respirando espiritualmente monóxido de carbono? ¡No en balde hay tanta gente muerta en la iglesia! ¿Te has parado alguna vez frente a una ventana para respirar aire fresco porque sientes que el de adentro te está ahogando? Yo sí, y por eso es que creo firmemente que todos necesitamos ventilación. Tanto en el sentido literal de la palabra, como en el sentido figurado de la misma.

¡Vamos, abre esa ventana ahora mismo! Necesitas aire puro. ¡Suelta el cuervo! Ese espíritu intranquilo e inquieto que hay en ti y que no te deja concentrarte ni realizar lo que quieres. Recuerda que el cuervo es un ave de presa, que se inclina hacia el mundo y se alimenta de carne corrompida, mientras que la paloma es símbolo del alma que al no encontrar reposo en el mundo vuelve al arca en busca de descanso. Necesitas recibir la paz de Dios que sobrepuja todo entendimiento humano.

Mira hacia el horizonte. Tienes que estar seguro de que la misión que Dios te encomendó podrá ser realizada porque el terreno ha sido por Él debidamente preparado. No lo dudes. La Biblia dice que el Padre es el Labrador. Sólo cree. ¡Suelta el libro! Y si tienes una ventana cerca ábrela y respira aire fresco. Eso sí, cerciórate primero de que le hayas quitado el mosquitero (screen) no sea que saques de ahí un catarro y me eches a mí la culpa. Ja, ja, ja.

Las experiencias de "ventana" (cuando has estado por un tiempo encerrado) son necesarias antes de que se abran las puertas, para que no te vuelvas orgulloso y puedas ser de bendición. La ventana es para que sueñes, la puerta es para que hagas tu sueño realidad. Por la ventana ves de lejos, en la puerta lo saludas y lo abrazas. En la ventana clamas, en la puerta lo recibes. La ventana es esperanza, es expectación, es la antesala hacia la liberación total, es fe que se desata, es prudencia, es ocupación, especialmente cuando estás atravesando por diversos cambios. Primero observas, luego actúas si ves que el tiempo es oportuno. Dios no te dejará atravesar una puerta si no te ve preparado. Los que se aventuran a forzar la puerta sin el debido permiso de Dios, sucumben en fracasos que son de lamentar. Aprende a esperar el momento de Dios y no te arrepentirás. Él es el que sabe cuándo estás listo para lo que te ha encomendado hacer.

TODOS NECESITAMOS LUZ...

Abre la ventana y entrará la luz de la vida. Cristo dijo:

"¿No tiene el día doce horas? El que anda de día, no tropieza, porque ve la luz de este mundo; pero el que anda de noche, tropieza, porque no

hay luz en él" (Juan 11:9-10, énfasis añadido).

¿Sabes lo que le ocurre a mucha gente? Llevan por dentro un 'corto circuito' y no se dan cuenta que lo tienen hasta que prenden el interruptor del corazón, y la bombilla del cerebro se les funde. Eso les pasó a los discípulos cuando Jesús les dijo que regresaría a Judea para despertar a Lázaro de su sueño (*Ver capítulo 11 del Evangelio según San Juan*). Cristo les dijo claramente que el problema se debía a la falta de luz en ellos.

¡Qué difícil a veces se le hace a Dios comunicarse con nosotros! Porque su lenguaje trasciende el nuestro. Por eso fue que en Pentecostés lo primero que hizo el Espíritu Santo sobre los apóstoles fue cambiarles la manera de hablar. Era la única forma en que podían ser efectivos en la misión de ir por todo el mundo y predicar el evangelio a toda criatura.

> "...Y comenzaron a hablar en otras lenguas, *según el Espíritu les daba* que hablasen" (Hechos 2:4, énfasis añadido).

¿Te das cuenta? Esto no es obra del hombre sino del Espíritu. Es Él quien tiene el poder para convencer al mundo de pecado, de justicia y de juicio (Juan 16:8-11). Dios tiene gran cantidad de cosas que decirnos, pero por el momento, algunas de ellas no las podemos sobrellevar (Juan 16:12). He ahí una de las razones por las que con frecuencia guarda silencio. Jesús también dijo:

> "Yo soy la luz del mundo; *el que me sigue,* no andará en tinieblas, sino que tendrá la luz de la vida" (Juan 8:12, énfasis añadido).

Seguir a Cristo significa permanencia en Su palabra. El salmista dijo:

> *"Lámpara* es a mis pies tu palabra y *lumbrera* a mi camino" (Salmo 119:105, énfasis añadido).

Contempla este otro verso:

> "No se pondrá jamás *tu sol,* ni menguará *tu luna;* porque Jehová te será por *luz perpetua,* y los días de tu luto serán acabados" (Isaías 60:20, énfasis añadido).

Es hora de abrir esa ventana

Ponte a pensar. ¿Qué significa aquí tu sol y tu luna? ¿No son acaso tus limitaciones en la tierra? ¿No es acaso el tener que enfrentar tanto cambio? El sol sale y se pone, la luna crece y mengua, pero nuestro Dios no. Él es Inmutable. La promesa es que no tendremos necesidad de nada porque Dios será nuestro eternamente y para siempre.

David dijo:

> "Porque contigo está el manantial de la vida; *en tu luz veremos la luz*" (Salmo 36:9, énfasis añadido).

¿Qué relación guardan todos estos versos entre sí? ¿Qué tienen que ver con la ventana que Dios le ordenó a Noé hacerle al arca? Sencillo. Si el arca es Cristo, y Noé nos representa a nosotros estando en Cristo Jesús, entonces abrir la ventana significa mirar a través de los ojos de Jesús. Es la única forma de entender por qué en medio de la lluvia, cuando el sol sale, también sale el arco iris. Jesús quiere descubrir ante nuestros ojos la belleza oculta de las cosas, para que cesemos de mirar a las superficies de nuestras imposibilidades.

Por otro lado, hay quienes cuando miran lo ven todo malo. ¡Qué horror! ¿Quién puede vivir así y ser feliz? Supongo que nadie. Hay quienes cuando hablan señalan solamente las faltas ajenas aunque éstas estén concebidas únicamente en el plano de su propia y maleada imaginación. Otros, miran por encima del hombro, como mirando al vacío porque en realidad no les interesa ver nada. Por eso, ver donde otros se niegan a ver es un reto de gran altura.

¿Estarías dispuesto a subir hasta el tercer piso para abrir esa ventana? Si lo haces, Dios abrirá la puerta y abrazarás una gran bendición. ¿Ves? Necesitas estar adentro para llegar al tercer nivel. Dije ¡adentro! Es desde adentro hacia afuera que se mira. Ese era el problema de los fariseos en la época de Cristo y es el de los que se comportan como ellos en este siglo. Sus miradas sólo apuntaban hacia lo externo, mientras que el mensaje de Jesús hacia lo interno. Jesús dijo:

> "¿Y por qué miras la paja que está en el ojo de tu hermano, y no echas de ver la viga que está en tu propio ojo? ¿O cómo dirás a tu hermano; déjame sacar la paja de tu ojo, y he aquí la viga en el ojo tuyo? ¡Hipócrita!, *saca primero la viga de tu*

91

propio ojo, y entonces verás bien para sacar la paja del ojo de tu hermano" (Mateo 7:3-5, énfasis añadido).

Por favor, hazle caso a estos textos y verás lo bien que te sentirás. Aprende a mirar correctamente. No te conformes con tener una visión vaga de las cosas; escribe tu visión, sal y ve en pos de ella. Dile a la montaña que está frente a ti que se mueva, porque Dios te ha dado órdenes de marchar. Te insto a que lo hagas. En las palabras hay poder. Es momento de poner en práctica las obras de Dios. De accionar tu fe. Cuando Dios me dijo que marchara, me armé de valor y lo hice no importando lo que otros pensaran de mí. Tenía en mi alforja (cartera) lo necesario para dos semanas, lo demás lo proveyó el Señor en la medida en que fui caminando en fe y obediencia a Él.

Te pregunto... ¿Cómo acostumbras a mirar las cosas? ¿Cómo ves el mundo que te rodea? ¿Desde una perspectiva cristiana o con ojos de legalismo y santurronería?

¿Tienes acaso una ventana particular para mirar y juzgar las acciones de los demás? ¡Cuidado! Tu ventana puede estar llena de prejuicios religiosos, amarguras, conceptos deformados y complejos de inferioridad, aún siendo cristiano. Jesús dijo:

> "Porque os digo que si vuestra justicia no fuere mayor que la de los escribas y fariseos, no entraréis en el reino de los cielos" (Mateo 5:20).

Examínate. ¿Cómo te ves a ti mismo? Creo que por ahí debes empezar. Cuando era niña solía escuchar a mi madre decir que 'el ladrón siempre juzga por su condición'. Confío que ese no sea tu caso, pero de ser así, debes entender que ya Dios abrió una puerta de escape para que puedas salir de los prejuicios religiosos.

> "Pero ahora en Cristo Jesús vosotros que en otro tiempo estabais lejos, habéis sido hechos cercanos por la sangre de Cristo. Porque Él es nuestra paz, *que de ambos pueblos hizo uno, derribando la pared intermedia de separación, aboliendo en su carne las enemistades, la ley de los mandamientos expresados en ordenanzas, para crear en sí mismo de los dos un solo y nuevo hombre, haciendo la paz, y mediante la cruz reconciliar con Dios a ambos en un solo* cuerpo, matando en ellas las enemistades. Y vino y anunció las buenas nuevas de paz a vosotros que esta-

bais lejos, y a los que estaban cerca, porque por medio de Él los unos y los otros tenemos entrada por un mismo Espíritu al Padre. Así que ya no sois extranjeros ni advenedizos, sino conciudadanos de los santos y miembros de la familia de Dios" (Efesios 2:13-19, énfasis añadido).

Amado, pídele al Señor que te abra los ojos del entendimiento. Que tus ojos sean Sus ojos, para ver la condición de los que te rodean y puedas ser de bendición y no de estorbo en la vida de otras personas. Entroniza al Señor en tu alma para que tu visión pueda ser aclarada. Solamente así cambiará tu percepción, y tu interpretación acerca de las cosas será correcta porque entrará la ciencia de Dios a tu vida.

Esdras, el escriba, al hacer su oración de confesión dijo:

> "Dios mío, confuso y avergonzado estoy para levantar, oh Dios mío mi rostro a ti, porque nuestras iniquidades se han multiplicado sobre nuestra cabeza, y nuestros delitos han crecido hasta el cielo. Y ahora por un breve momento ha habido misericordia de parte de Jehová nuestro Dios, para hacer que nos quedase un remanente libre, y para darnos un lugar seguro en su santuario, *a fin de alumbrar nuestro Dios nuestros ojos y darnos un poco de vida en nuestra servidumbre*" (Esdras 9:6 y 8, énfasis añadido).

TODOS NECESITAMOS VISIBILIDAD PARA EL CAMINO

¿Se te ha empañado alguna vez el cristal delantero de tu auto a causa de un fuerte aguacero? ¿Te diste cuenta que para limpiarlo no bastó pasarle una servilleta? A los tres segundos estaba de nuevo empañado. Por supuesto, esto sucede con los vehículos que no tienen sistema de ventilación adecuado. Si eres de los que has empezado desde abajo, sabes perfectamente a lo que me refiero. Pero bueno, lo que me interesa aquí es la experiencia vivida, no la marca, ni el modelo de tu carro. ¿A cuántos les ha pasado? Especialmente cuando los limpiaparabrisas se dañan.

¿Te has preguntado alguna vez qué es lo que empaña el cristal? Pues yo sí. Tu respiración y la de los que andan contigo, es la que empaña el vidrio. La razón es que no hay suficiente ventilación para quitar la humedad que se acumula.

Es hora de mantener tu visibilidad en el caminar diario con Dios. Si hay alguien que aprendió lo necesario que es esto en la vida, fue el apóstol Pedro que habló en base a su experiencia:

> *"Sed sobrios, y velad;* porque vuestro adversario el diablo, como león rugiente, anda alrededor buscando a quién devorar" (1º de Pedro 5:8, énfasis añadido).

Otro que vivió con visibilidad en su vida fue Daniel.

> "Cuando Daniel supo que el edicto había sido firmado, entró en su casa, y abiertas las ventanas de su cámara que daban hacia Jerusalén, se arrodillaba tres veces al día y oraba y daba gracias delante de su Dios, como solía hacer antes" (Daniel 6:10).

Me parece que Daniel conocía la importancia de orar y adorar con la ventana abierta. Con razón, cuando la mujer Samaritana le preguntó a Jesús dónde se adoraría a Dios, éste le respondió que no era tema de un lugar sino más bien, de una actitud. Que Su Padre hasta ahora, sigue buscando adoradores que adoren en espíritu y verdad. La palabra en griego es "alertejía" que significa "a cara descubierta", sin velo alguno. Manténte despierto espiritualmente. La Biblia dice:

> *"No de sueño a tus ojos,* ni a tus párpados adormecimiento. *Escápate* como gacela de la mano del cazador, y como ave de la mano del que arma lazos. Vé a la hormiga, oh perezoso, mira sus caminos, y sé sabio; la cual no teniendo capitán, ni gobernador, ni señor, prepara en el verano su comida, y recoge en el tiempo de la siega su mantenimiento. Perezoso, ¿hasta cuándo has de dormir? ¿Cuándo te levantarás de tu sueño? Un poco de sueño, un poco de dormitar, y cruzar por un poco las manos para reposo; así vendrá tu necesidad como caminante y tu necesidad como hombre armado" (Proverbios 6:4-11, énfasis añadido).

¿Te fijas que las caídas no son de la noche a la mañana sino poco a poco? Un descuido aquí, un resbalón allá, unas pequeñas vacaciones de Dios y... ¡Zas!, la caída. Por favor, abre tus ojos. Dios te está hablando. Eres responsable del conocimiento revelado y no hay excusa que valga ante Dios respecto a esto.

TODOS NECESITAMOS TENER ACCESO

Acceso significa acercamiento. La Biblia dice:

"Acercaos a Dios y Él se acercará a vosotros" (Santiago 4:8).

Salomón lo dice de manera más dulce y romántica:

"Mi amado es semejante al corzo, o al cervatillo. Helo aquí, está tras nuestra pared, *mirando por las ventanas,* atisbando por las celosías. Mi amado habló, y me dijo: *Levántate,* oh amiga, hermosa mía y ven. Porque he aquí ha pasado el invierno, se ha mudado, *la lluvia se fue;* se han mostrado las flores en la tierra, el tiempo de la canción ha venido, y en nuestro país se ha oído la voz de la tórtola. La higuera ha echado sus higos, y las vides en cierne dieron su olor; Levántate, oh amiga mía, hermosa mía y ven" (Cantar de los Cantares 2:9-12, énfasis añadido).

¿No fue esto lo que vivió Noé? ¿No es esto un llamado de urgencia de parte de Cristo a su iglesia? ¿No despierta este llamado en ti la pasión de estar con Él a solas, para oír qué tiene que decirte? Hay mucho pueblo de Dios durmiendo en los laureles de la vida. Pablo amonestó a la Iglesia al respecto y le dijo: "Despiértate tú que duermes, levántate de entre los muertos y te alumbrará Cristo". Ha llegado la hora final y decisiva. La Iglesia tiene que salir del encierro y salir a la calle en busca del pecador. Es momento para fructificarnos y multiplicarnos. Dios le ha dado la orden a Noé de abrir la puerta. ¡Por fin! Salgamos de una buena vez.

"Tu actitud para con Dios determinará
el éxito o el fracaso de esa salida...
Procura ante todo conservarte humilde
y llegarás a lugares que nunca imaginaste ir".

Rosita Martínez

Capítulo 5

¡Es hora de salir!

"Entonces habló Dios a Noé diciendo: *Sal* del arca tú, y tu mujer, y tus hijos y las mujeres de tus hijos contigo".
(Génesis 8:15-16, énfasis añadido)

¿Estás listo? Pues toma tus motetes y vámonos, porque Dios acaba de quitarle el seguro a la puerta. Ábrela. Llegó tu éxodo para que le sirvas a Dios de corazón. Abraza tu libertad fuertemente. Brinca, corre, danza, grita de júbilo, pero no te olvides que fuiste sacado de ahí para algo. No es momento de vagabundear por la vida ni de estar merodeando por los alrededores. Es hora de hacerle un altar a Jehová en tu corazón. Cuando Dios te liberta, lo hace con el propósito de que le sirvas y te muevas hacia delante, en pos de Él.

¿Sabes? Oí decir a alguien que los demonios se confunden cuando somos libres, porque ellos tienen un expediente de nuestra vida que dice que sus planes con nosotros tienen que funcionar. Y con el correr del tiempo me he dado cuenta de que, hasta cierto punto, eso es verdad. Los demonios trabajan para que se le cumplan sus planes y saben que cada ser humano tiene un área vulnerable. Un 'talón de aquiles' personal. ¿Conoces el tuyo? Pues más vale que lo conozcas porque esa será el área que tendrás que fortalecer en tu caminar con Dios. Escucha el consejo de un apóstol para con el hijo que tanto amó espiritualmente:

"*Ten cuidado de ti mismo y de la doctrina; persiste* en ello, pues haciendo esto, te salvarás a ti mismo y a los que te oyeren" (1º Timoteo 4:16, énfasis añadido).

Algunas personas piensan que la verdadera liberación es cuando el conflicto desaparece, se destruye o se aniquila por completo, y ya no son más tentados. Lamento decirte que no. Esa expectativa es completamente falsa. Yo también lo pensé alguna vez, hasta que me di cuenta de que la verdadera liberación se da en el contexto de la voluntad del hombre, cuando lo que te controlaba antes ya no te controla más, porque conoces la verdad de Dios y tu voluntad **decide** optar por lo correcto. He aquí la dinámica para que la entiendas bien.

El diablo anda suelto, pero tú **decides** no darle lugar (Efesios 4:27). Estás en un estuche de carne y hueso, pero tú **decides** caminar conforme al espíritu (Romanos 8:1). Tu temperamento es fuerte, pero tú **decides** controlarlo porque voluntariamente aprendes a llevar el yugo del Señor (Mateo 11:29-30). Todo es un asunto de decisiones.

Somos libres para escoger y ejercitar la voluntad del espíritu haciendo lo correcto ante los ojos de Dios; muy independientemente de que la mente, el cuerpo, las emociones o los sentimientos nos pidan lo contrario. Jesús en el desierto venció al diablo en su calidad de hombre porque decidió obedecer a la voz del espíritu. Enfrentó a Satanás con la palabra viva y de verdad, resistiendo firme en la fe. Nunca permitió que las mentiras del diablo penetraran su mente. Además, Jesús estaba lleno del Espíritu Santo y nunca bajó la guardia en su dependencia del Padre.

> "Y cuando el diablo hubo acabado toda tentación, *se apartó de Él por un tiempo*" (Lucas 4:13, énfasis añadido).

Tenemos que reconocer que ésta ha sido nuestra falla más común; el olvidar que Satanás se retira siempre por un tiempo, para luego venir con un ataque mayor y más sofisticado que el primero. Lo mismo hacen los demonios cuando abandonan el cuerpo. La Biblia dice que cuando el espíritu inmundo sale del hombre, anda por lugares secos, buscando reposo, y no lo halla, entonces decide regresar al cuerpo de donde salió y lo hace con siete espíritus peores que él. Es decir, ocho en total. Esperando encontrarlo **desocupado**, barrido y adornado. Por eso es que el estar lleno del Espíritu Santo es un requisito indispensable para vencer al diablo, a la carne, y mantenernos libres. Conozco decenas de amistades que en el plano personal confrontan serios problemas con luchas internas de su pasado. ¿Sabes por qué les sucede esto? Porque aunque en la iglesia están vacíos. Ellos piensan que ir a la iglesia con regularidad los librará de ciertos ataques, no sabiendo que de ese vacío Satanás se aprovecha para colocar sensaciones y deseos de la carne e inducirlos a que cometan locuras de las cuales después están arrepentidos con remordimientos y culpas.

¿Libres para qué?

¿Qué hizo Noé tan pronto salió del arca? La Biblia dice que edificó un altar, adoró a Dios e hizo sacrificio.

> "Y *edificó* Noé un *altar a Jehová*, y tomó de todo animal limpio y de toda ave limpia, y *ofreció* holocausto en el altar" (Génesis 8:20, énfasis añadido).

Mira este otro ejemplo:

> "Abraham, pues, removiendo su tienda, vino y moró en el encinar de Mamre, que está en Hebrón, y *edificó allí un altar a Jehová"* (Génesis 13:18, énfasis añadido).

¿Cuál será en la actualidad el equivalente a todos estos actos de estos hombres de Dios? Pablo diría lo siguiente:

> "Así que, hermanos, os ruego por las misericordias de Dios, que *presentéis* vuestros cuerpos en sacrificio vivo, santo, agradable a Dios, que es vuestro culto racional. No os conforméis a este siglo, sino o a un anciano de la iglesia *transformaos* por medio de la renovación de vuestro entendimiento, para que comprobéis cual sea la buena voluntad de Dios, agradable y perfecta" (Romanos 12:1-2, énfasis añadido).

La clave para mantenerse libre está en las cosas que Dios nos ha ordenado hacer. Dios desea que entremos en pacto con Él. Un pacto de obediencia. Observa por ejemplo, el siguiente texto:

> "No reine, pues, el pecado en vuestro cuerpo mortal, de modo que lo obedezcáis en sus concupiscencias; ni tampoco *presentéis* vuestros miembros al pecado como instrumentos de iniquidad, sino *presentaos vosotros* mismos a Dios como vivos

de entre los muertos, y *vuestros miembros a Dios* como instrumentos de justicia, porque el pecado no se enseñoreará de vosotros; pues no estáis bajo la ley, sino bajo la gracia" (Romanos 6:12-14, énfasis añadido).

¿Ves todo lo que está implícito en el verso? Dios entrega, demanda y establece un orden de prioridad. No reine, significa que no tome dominio alguno. Que no le demos la oportunidad de gobernarnos la mente ni el corazón. También nos amonesta a no exponer ninguna parte del cuerpo a la pecaminosidad. Quiere decir que aunque el pecado todavía exista y se levante en nuestra carne, nosotros en la gracia de Dios nos bastamos y lo resistimos. Dicho de otra forma, no alimentar la carne. No le des alas a tu ego.

ENTENDIENDO LO QUE ES
EL ALTAR DE SACRIFICO DIARIO

"Dijo Dios a Jacob; Levántate y sube a Bet-el, y quédate allí; y haz allí un altar al Dios que te apareció cuando huías de tu hermano Esaú. Entonces Jacob dijo a su familia y a todos los que con él estaban: Quitad los dioses ajenos que hay entre vosotros, y limpiaos y mudad vuestros vestidos. Y levantémonos, y subamos a Bet-el; y haré allí altar al Dios que me respondió en el día de mi angustia, y ha estado conmigo en el camino que he andado" (Génesis 35:1-3, énfasis añadido).

He aquí tres requisitos indispensables para que tu misión en la tierra no tenga estorbo alguno de tu parte. **Quita de en medio de ti los dioses ajenos,** todo aquello que intenta dominarte. **Límpiate** y **muda tus vestidos.** Esa es tu responsabilidad y también la mía.

Vamos a compaginarlo todo para que lo asimiles bien y en forma correcta. ¿Por qué Dios le dice a Jacob que se levante y suba a Bet-el? ¿Qué significó Bet-el en su vida? Bet-el fue su lugar de encuentro con Dios, de hecho, llamó a aquel lugar Casa de Dios y Puerta del Cielo. Todo ser humano necesita tener un encuentro personal con Dios. Si lo conocemos, llegaremos a la comprensión de quiénes somos realmente.

¿Qué más? Bet-el fue el lugar donde Jacob luchó por su bendición, donde se operó el cambio de su nombre, fue el lugar de revelación, aprendizaje, cambio, crecimiento, desarrollo y multiplicación. ¿De qué debía Jacob limpiarse según Dios? Bueno, eso no sólo atañía a la vida de Jacob sino también a la nuestra. La Biblia dice que hay que limpiarse de varias cosas. Enumeremos algunas:

- *De toda contaminación de carne y de espíritu* (1º de Corintios 7:1). Los pecados de la carne son una puerta de entrada a lo demoníaco. ¡Mucho cuidado! Hay quienes creen que pueden hacer cosas con su carne que no los dañará espiritualmente, y son engañados por Satanás en esa área. Hay acciones y hábitos que dañan al hombre física y espiritualmente. Te contaminas el espíritu y contagias a todo el que está a tu lado. La sensualidad es una de esas bacterias.

- *De la levadura de los fariseos, que es la hipocresía* (1º de Corintios 5:7). La hipocresía es la habilidad de esconder quién eres realmente. Hollywood se quedó corto en comparación con algunos creyentes de hoy día.

- *Hay que limpiar la conciencia de obras muertas* (Hebreos 9:14). Los méritos siempre serán de Dios. Nosotros, por más que trabajemos, seguiremos siendo siervos inútiles porque haremos siempre lo que nos corresponde hacer como hijos de Dios.

- *Hay que limpiarse de todo pecado* (1º de Juan 1:7). Los actos de confesión y contrición deben ser diarios en la vida de todo creyente, para que nada interrumpa su comunión con Dios. David lo resume en su propia experiencia personal: *"Mi pecado te declaré, y no encubrí mi iniquidad. Dije: Confesaré mis transgresiones a Jehová; y tú perdonaste la maldad de mi pecado"* (Salmo 32:5). Cuando lloró, confesó su pecado y fue limpio.

- *Hay que limpiarse de la vana manera de vivir que recibimos de nuestros padres* (1º de Pedro 1:18). El temperamento heredado y el carácter forjado lo tienes que rendir a los pies del Señor

Jesucristo. Ahora Él es tu Padre Celestial, te ha dado una nueva naturaleza y tiene nuevos modales que enseñarte.

La pregunta es... ¿Cómo se limpia uno? Bueno, el mejor producto de limpieza que hasta ahora conozco y nadie ha podido superar jamás es y será la Palabra de Dios. Si el asunto es de purificación, ella es "**Fuego**" que quema. Si el asunto es de dureza en el corazón, ella es como "**Martillo**" que rompe la roca en dos, lo ablanda a uno porque te ablanda. Si el problema es de contaminación, ella es "**Agua**" que limpia. Si estamos enfermos, ella es "**Medicina**" para todo tu cuerpo. Si nos ligamos a alguien o a algo de lo que no nos podemos zafar fácilmente, ella es como "**Espada**" de doble filo, que penetra hasta partirnos el alma y el espíritu, y llega a los sentimientos, las emociones y voluntad, traspasando hasta las intenciones de nuestro corazón.

Y si el caso es que estamos tristes o en angustia, ella es "Bálsamo" que aliviará todos nuestros dolores. Dime tú, ¿qué más podemos pedir? Lo otro que nos queda por hacer es mudar nuestros vestidos, y definitivamente el mejor diseñador de modas que ha existido en este mundo es Dios, porque sus vestidos nunca se ponen viejos, nunca pasan de moda, y son útiles para toda ocasión. Eventos de boda, fiestas, casuales, iglesias, recreación y hasta para asistir a funerales. Veamos algunos de sus modelos:

Modelo #1

"Vestíos del nuevo hombre, creados según Dios en la justicia y santidad de la verdad" (Efesios 4:24). Este vestido es para que el mundo sea testigo de la obra que Dios hizo en ti y en mí, y alaben a Dios por sus proezas.

Modelo #2

"Vestíos del Señor Jesucristo, y no proveáis para los deseos de la carne" (Romanos 13:14). Este es para que nos conservemos en pureza, sin contaminación. Con este modelo no enseñamos nada de lo cual la gente pueda hablar mal de nosotros sino que seremos la envidia del barrio. Todos nos admirarán por nuestra espiritualidad.

Modelo #3

"Vestíos, pues, como escogidos de Dios, santos y amados, de entra-

ñable misericordia, de benignidad, de humildad, de mansedumbre, de paciencia; soportándoos unos a otros, y perdonándoos unos a otros si alguno tuviere queja contra otro. De la manera que Cristo os perdonó, así también hacedlo vosotros" (Colosenses 3:12-13). Este nos da el acceso de entrar a todo lugar y ser llamados cristianos 'de pura cepa'. Está cosido con hilo del cielo, de oro de 24 kilates.

Modelo #4

"Y sobre todas las cosas vestíos de amor, que es el vínculo perfecto" (Colosenses 3:14). Este definitivamente es un 'botate' hace que nuestros enemigos más acérrimos estén en paz con nosotros y que reconozcan que somos cristianos.

Modelo #5

"Vestíos de toda la armadura de Dios, para que podáis estar firmes contra las asechanzas del diablo" (Efesios 6:11). Este es un modelo exclusivo para ir a la guerra y salir victorioso de cada batalla.

Modelo #6

"Habiéndonos vestido con la coraza de fe y de amor, y con la esperanza de salvación como yelmo" (1º Tesalonicenses 5:8). Este último es con el que debemos esperar todos los días a nuestro marido, que es nuestro Hacedor, según Isaías 54:5.

¿Qué te parece? Estos vestidos no son otra cosa sino Cristo en nosotros, viviendo su vida. Este es el secreto que deben conocer todos los que son diseñadores de moda en la actualidad.

> "La noche está avanzada, y se acerca el día. Desechemos, pues, las obras de las tinieblas y vistámonos las armas de la luz" (Romanos 13:12).

Aprendamos de Jesús y nunca pecaremos por inmorales. Por eso fue que Noé construyó un altar de adoración cuando salió del arca. ¿Lo estás construyendo tú? Entonces nunca dejes de alabarlo. En todo tiempo sean blancos tus vestidos y nunca falte el ungüento sobre tu cabeza. Si te mantienes en obediencia, Dios tendrá preparado para ti el mejor de los atuendos. Un vestido de lino fino y resplandeciente y una corona que terminarás arrojando a sus pies porque tú sabes que sin Él jamás hubieras podido lograr nada. ¡Bendito sea Su Nombre! Si quieres victorias diarias, tendrás que someterte a disciplinas diarias. El que es fiel en lo poco, en lo mucho también aprende a ser fiel.

El que es libre tiene la bendición de escoger, por eso valora su libertad y la conserva. Conoce los límites establecidos por Dios y no los traspasa, los respeta. Y una vez fuera ¿qué nos resta hacer además de serle fiel a Dios y guardarnos para Él? Tenemos que dar fruto y que nuestro fruto permanezca. La orden de Dios a Noé fue clara: Fructificad y Multiplicaos.

¡Si quieres dar fruto en abundancia
comienza entonces por sembrar
una buena semilla en tu propia casa,
así tendrás la oportunidad
de darle un gran testimonio al mundo".

Rosita Martínez

Capítulo 6

Fructificad y multiplicaos

"Bendijo Dios a Noé y a sus hijos, y les dijo:
Fructificad y *multiplicaos*, y *llenad* la tierra".
(Génesis 9:1, énfasis añadido)

¡Oh, que grande es la bendición de Dios! He aquí Su buena voluntad manifiesta al hombre nuevamente. A Dios no le incomoda el hecho de volver a empezar. El obstinado e incondicional amor de Dios es así. Persigue hasta alcanzar. Bendice a manos llenas. Como Padre amante, su bendición nunca puede faltar. Noé ocupaba ahora un lugar semejante al que tuvo Adán. Un nuevo mundo que poseer, una nueva población que levantar, terrenos nuevos que cultivar, territorios que conquistar.

Aquello no era exactamente el paraíso, pero era un lugar habitable y la simiente hallaría cabida para fructificarse y multiplicarse.

Y así fue. Cristo, la simiente incorruptible de vida que vive y permanece para siempre, llegó a este mundo, murió para darnos vida, y encomendarnos a nosotros el ministerio de fructificarnos y multiplicarnos.

"Id por todo el mundo y predicad el evangelio a toda criatura. El que creyere y fuere bautizado será salvo; *(frutos)* más el que no creyere será condenado. Y estas señales seguirán a los que creen: *(multiplicación)* En mi nombre echarán fuera demonios; hablarán nuevas lenguas *(reproducción)*" (Marcos 16:15-18, énfasis añadido).

FRUCTIFICAOS

El fructificar es producto de una relación. Cristo dijo:

> "Yo soy la vid verdadera, y mi Padre es el labrador. Todo pámpano que en mí no lleva fruto, lo quitará; y todo aquel que lleva fruto, *lo limpiará, para que lleve más fruto*" (Juan 15:1-2, énfasis añadido).

> "Yo soy la vid, vosotros los pámpanos; el que permanece en mí y yo en él, *éste lleva mucho fruto;* porque separados de mí nada podéis hacer" (Juan 15:5, énfasis añadido).

¿Cómo se cultiva esa relación? Según el Salmo 1, se hace de la siguiente manera:

- No andando en consejo de gente mala.
- Ni sentándonos con gente burladora del Evangelio.
- Poniendo nuestra delicia siempre en la ley de Dios.
- Meditando activamente en la Palabra de día y de noche.
- Plantándonos junto a corrientes de agua que son tipo de la dependencia diaria del Espíritu Santo.

Sólo así daremos fruto en su tiempo, y nuestras hojas no se caerán, y todo cuanto hagamos prosperará. Tienes que vivir adherido, unido al árbol de la vida. Dale a Dios el primado siempre.

Además, sé generoso. La generosidad es una virtud del espíritu y tiene recompensa no sólo en este siglo, también en el venidero.

> "El que ama el dinero, no se saciará de dinero; y el que ama el mucho tener, no sacará fruto. También esto es vanidad" (Eclesiastés 5:10).

Otra cosa importantísima: guárdate de lo que hablas por tu boca, porque la Biblia dice que del fruto de la boca se llenará el vientre; se saciará del producto de nuestros labios. Si amas tu lengua entonces habla vida por ella y no muerte (Proverbios 18:20-21). Tenemos que dar frutos dignos de arrepentimiento, porque por esos frutos nos reconocerán como cristianos aquí en la tierra y como persona salva allá en el cielo (Mateo 7:16-19).

Reflexiona en este instante. Si no estás dando buen fruto, probablemente tu corazón no ande bien (Marcos 4:1-8). Examínate, quita las piedras del camino, arranca los abrojos y las espinas que se han clavado en tu alma, abona el terreno, échale fertilizantes, agua, pesticidas. Pero haz algo mi hermano, no te quedes ahí como si contigo no fuera la cosa. No te hagas el indiferente porque te puedes secar espiritualmente, como le pasó a la higuera que Jesús maldijo por cuanto no halló fruto en ella. Muere al yo diariamente y entiende que habiendo sido liberado del pecado y hecho siervo de Dios, te queda como fruto la santificación (Romanos 6:22).

Esto de fructificarnos y multiplicarnos es algo serio que conlleva grandes responsabilidades. Si hemos de predicar el Evangelio y hacer discípulos a las naciones, más vale que seamos sabios al hacerlo. Estamos hablando no sólo de engendrar hijos sino también de educarlos. Muchos padres engendran, pero pocos son los que toman tiempo para educar. ¿Cuántos creyentes son realmente capaces de traer un alma a los pies de Cristo y permanecer con ellas durante el período de aprendizaje y adaptación? ¿No captas que de la misma manera que un bebé nace y requiere de cuidados y atenciones, así pasa con los hijos que se engendran espiritualmente?

Me da terror cuando veo a un creyente de años en la iglesia caerle arriba a un recién convertido o a alguien que acaba de recibir liberación. Especialmente creyentes que están llenos de conceptos distorsionados con respecto a la persona de Dios, que piensan que Dios es religioso como ellos.

Si uno como pastor no está pendiente, en menos de lo que canta un gallo, matan al recién convertido con algún necio comentario, como por ejemplo: '¿Cuándo piensas quitarte esas prendas? ... usar eso es pecado... te puedes ir al infierno'. O acosan al que ha sido libre para que viva como un santo inmediatamente. ¡Por favor! 'Give me a break'.

Predicamos para que la gente se salve. Cuando están adentro los sacamos de un puntapié por falta de conocimiento y sabiduría de Dios. Los pecadores necesitan oír que Dios los ama y los acepta tal y como son. Ellos descubrirán poco a poco que el amor de Dios nunca los dejará igual, los transformará de día en día.

Toco este tema porque mi corazón se desgarra cada vez que converso con un descarriado que me dice que no pudo aguantar la carga que le impusieron en la iglesia cuando se convirtió. Dicho sea de paso, mi intención no es justificar a los descarriados en sus acciones erradas. Lo que quiero señalar es la forma tan ridícula y antibíblica en que algunos cristianos tratan de predicar el Evangelio. Para que haya frutos permanentes y nos multipliquemos tiene que haber conocimiento de Dios.

Cero manipulación. El que cambia a la gente de adentro hacia fuera se llama Espíritu Santo, y lo hace en la medida en que el hombre se entrega incondicional y voluntariamente a Él. Si queremos fructificarnos y multiplicarnos tenemos que salir de la mentalidad religiosa. Cero delirios de grandeza. El grande es Dios y la iglesia es de Él, no del hombre. Los líderes somos siervos, no dueños.

Nos queda todavía mucho que aprender del apóstol Pablo:

> "Hijítos míos, *por quienes vuelvo a sufrir dolores* de parto, *hasta* que Cristo sea formado en vosotros?" (Gálatas 4:19, énfasis añadido).

Aquí la palabra clave es "**hasta**". Denota de parte del apóstol perseverancia, fe, entrega, sacrificio, desvelos, oración y lágrimas. Tener hijos y enseñarlos a enfrentar la vida cuesta un precio muy grande. Jesús fue el mejor ejemplo. Lo hizo por Su iglesia.

Esto de dar a luz es cosa seria. Para el pueblo de Dios, especialmente para la mujer hebrea, el no tener hijos implicaba una afrenta y una humillación grande. De igual manera debe serlo para nosotros cuando no podemos fructificarnos y multiplicarnos como iglesia. Raquel le dijo a Jacob: "Dame hijos o me muero". ¿Estamos pidiendo nosotros lo mismo?

DAME HIJOS O ME MUERO

¡Qué oración tan desgarradora! Si todos llegáramos a comprender lo que esta oración significa en realidad, las iglesias ya hubiesen llegado a todos los confines de la tierra alcanzando almas para Cristo y discipulándolas. El dar a luz viene como consecuencia de la fe que depositamos en el Señor y en el poder de Su fuerza.

La Biblia dice:

> "Por la fe también la misma Sara, siendo estéril, recibió fuerza para concebir; y dio a luz aún fuera del tiempo de la

edad, *porque creyó que era fiel quien lo había prometido"*
(Hebreos 11:11, énfasis añadido).

Necesitamos hacer lo que Sara hizo. Creer en el que promete la
bendición y concebir. Aunque el tiempo haya pasado y no hayas
dado a luz, no pienses que es tarde. Dios todavía da sorpresas.

MULTIPLICAOS

Existe un misterio en la matemática de Dios y es el asunto de la
multiplicación. Busca las siguientes citas para que te cures en salud.
Dios multiplica dolores (Génesis 3:16). Multiplica fuerzas (Isaías
40:29). Multiplica descendencias (Jeremías 33:22). Multiplica
riquezas (Job 42:10-17).

En fin, Él es el Dios que piensa siempre en dar en abundancia
todo. Da a manos llenas y quiere que nosotros hagamos lo mismo.
A Abraham lo multiplicó de tal manera que tú y yo terminamos
siendo parte de esa descendencia. ¡Qué te parece "cholito"! Todo
esto para que poseyéramos lo que nos pertenecía desde la fundación
del mundo. El dominio y el control de la tierra. Lo que Satanás con
sus engaños le arrebató a Eva y lo que Cristo con su muerte y su
resurrección nos ha devuelto nuevamente.

La Biblia dice:

> "Y los bendijo Dios, y les dijo: *fructificad y multiplicaos;
> llenad la tierra, y sojuzgadla, y señoread* en los peces del mar, en
> las aves de los cielos, y en todas las bestias que se mueven
> sobre la tierra" (Génesis 1:28, énfasis añadido).

Retomemos nuestro lugar y conquistemos la gente que nos rodea
para Cristo, porque muy pronto reinaremos con Él sobre la tierra.
Seamos pacientes y procuremos estar trabajando en Su viña para
cuando Él venga. ¿Estás haciendo lo que Dios te ordenó? Si no, este
es el momento para comenzar a hacerlo.

SEGUNDA PARTE

Puerta de Restauración

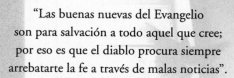

"Las buenas nuevas del Evangelio
son para salvación a todo aquel que cree;
por eso es que el diablo procura siempre
arrebatarte la fe a través de malas noticias".

Rosita Martínez

Capítulo 7

Buenas y
malas noticias

"Después le apareció Jehová en el encinar de Mamre, estando él
sentado a la puerta de su tienda en el calor del día".

(Génesis 18:1)

Bueno, ya pasamos el diluvio y dejamos atrás a Noé fructificándose y multiplicándose tal y como Dios le ordenó hacer. Han pasado unos cuantos años y estamos ahora en la casa rodante de nuestro hermano Abraham, pero no hagas ruido para que le demos una sorpresa juntos. Observa, está sentado a la puerta como si estuviese esperando algo. ¿Qué será? Con toda probabilidad anda en la expectativa para bendecir a alguien. Esa ha sido siempre su costumbre, la hospitalidad. ¿Lo ves? Ahí va corriendo a saludar a esos tres varones que se acercan a su casa. ¿Quiénes serán? Por lo que veo son huéspedes celestiales porque Abraham se acaba de inclinar ante uno que parece ser Hijo del Altísimo. ¡Oh, oh! No quiero pecar de imprudente, pero esta conversación de Abraham con el Señor parece que trae cola y no me la quiero perder por nada del mundo. Mejor demos la vuelta y situémonos detrás del árbol para oír de lo que hablan.

"... y dijo: Señor, si ahora he hallado gracia en tus ojos, te ruego que nos pases de tu siervo. Que se traiga ahora un poco de agua, y lavad vuestros pies; y recostaos debajo de un árbol, y traeré un bocado de pan, y sustentad vuestro corazón, y después pasaréis; pues por eso habéis pasado cerca de vuestro siervo. Y ellos dijeron: Haz así como has dicho" (Génesis 18:3-5).

Ciertamente el que recibe ángeles tiene recompensa de ángeles (Mateo 10:41). Dios no vacila en responder a aquellos que tienen expectación por Él. Que aman más que nada el estar en Su presencia. Que anhelan el hacer bien a los demás sin esperar ningún tipo de recompensa a cambio. Lo hacen sólo por la satisfacción que produce el que como hijos de Dios nos parezcamos a Él en su modo de obrar.

La amabilidad, la generosidad, el amor incondicional y el servicio de excelencia nunca deben faltar en nuestros hogares cristianos, porque no sabemos si hospedamos ángeles, o cuándo estaremos recibiendo la visita del Señor personalmente. Lo que demos a los demás eventualmente hablará de nosotros mismos, me refiero a nuestro aprecio hacia la persona que bendecimos. Es ahí donde se muestra nuestra calidad de vida cristiana. Lo mejor para el Señor siempre. ¡Ahh! Y no importa el lugar donde estemos, porque cuando se tiene un corazón dadivoso se prepara una mesa donde sea, hasta debajo de un árbol; para eso se nos ha dado la creatividad, para que la inventemos si es posible hasta en el aire.

Dos cosas importantes habían hecho descender a Dios para hablarle a Abraham. Una, el reiterarle nuevamente su promesa de que sería bendecido con un hijo propio y sería padre de gran muchedumbre. Segundo, comunicarle el juicio que estaba próximo a derramarse sobre las ciudades de Sodoma y Gomorra, porque consideraba a Abraham su amigo.

BUENAS Y MALAS NOTICIAS.
¡QUÉ EXTRAÑA COMBINACIÓN!

¿Por qué será que detrás de una buena noticia siempre hay otra que tiende a empañar la alegría de la primera? Observa la siguiente noticia y entenderás lo que dijo:

"Entonces el ángel le dijo: María, no temas, porque has hallado gracia delante de Dios, Y ahora, *concebirás* en tu vientre, *y darás a luz un hijo,* y llamarás su nombre JESÚS. Este será grande, y será llamado Hijo del Altísimo; y el Señor Dios le dará el trono de David su padre; y reinará sobre la casa de Jacob para siempre, y su reino no tendrá fin" (Lucas 1:30-33, énfasis añadido).

Esto sí que es un notición para alguien que va a ser madre. El anuncio de que su hijo está destinado a ser rey. ¿Qué madre no saltaría de gozo y alegría? Tan sólo imagino la cara que puso María cuando el ángel le anunció que cargaría en su vientre al Salvador del mundo, Dios mismo hecho carne. Es como para caerse desmayado al suelo.

¿Sabes lo que significa el ser escogido para cargar a Dios en el vientre? No creo que María haya recibido en toda su vida una noticia más grande e impactante que ésta. En ese nacimiento estaba concentrada toda su herencia, y durante los próximos nueve meses su vientre sería prácticamente su libro personal de meditaciones. El sólo hecho de saberse cubierta por la sombra de Dios y convertida en la vasija de honor donde el Señor manifestaría su gloria, la hacía olvidar todo lo demás.

Estas son las cosas que Dios dejó escritas en Su palabra para que nosotras las mujeres aprendamos a vivir por encima de las circunstancias que nos rodean, disfrutando de la bendición de poseerlo a Él. Lo importante para María en ese momento era preservar la vida del niño y obedecer todo lo que Dios le dijera. Todos conocemos bien su historia.

Bueno, veamos la otra cara de la moneda después que María tuvo al bebé. Cuando se cumplieron los días de la purificación, trajeron al niño a Jerusalén para presentarlo; fue entonces que Simeón antes de morir bendijo al niño y le dijo a su madre:

> "María: he aquí éste está puesto para caída y para levantamiento para muchos en Israel, y para señal que será contradicha (*y una espada traspasará tu misma alma*), para que sean revelados los pensamientos de muchos corazones" (Lucas 2:34-25, énfasis añadido).

¡Bendito sea Dios! La tristeza y el gozo mezclados juntamente por la espada del dolor. ¡Qué hijo tan exclusivo y que muerte tan horrenda le esperaba! Estos son sentimientos que cuando embargan el ánimo lo hacen trizas.

Fue una palabra que a María y a cualquier madre le destrozaría el corazón. ¡Qué precio tan elevado tiene que pagar una madre por amar al hijo de sus entrañas! La vida precedida por la muerte para salvar al hombre de la condenación eterna, y aún a la mujer misma que lo cargó en el vientre. Por eso fue que María dijo:

> "Engrandece mi alma al Señor; y mi espíritu se regocija en Dios mi Salvador, porque ha mirado la bajeza de su sierva; pues he aquí me dirán bienaventurada todas las generaciones" (Lucas 1:46-48).

Qué lástima que mientras María sólo hizo mención de su felicidad, los hombres con mentalidades religiosas hayan tergiversado sus palabras convirtiéndola en "mediadora de almas". Si María resucitara ahora mismo, se escandalizaría de lo que han hecho con su persona. Ella tenía bien claro que la idolatría es un pecado abominable ante los ojos de Dios. Me consta que hay gente sincera que ama a Dios con todo el corazón, pero aún no han entendido que la idolatría los separa de Dios.

Cuando María promulgó 'el magnificat' por su boca reconoció que Jesús era su propio Salvador. Si la gente entendiera esto, dejaría de ser idólatra. Hay personas que no han podido salir de la condición en la que se encuentran a causa del pecado de la idolatría. La Biblia dice:

> "No tendrás dioses ajenos delante de mí. No te *harás imagen*, ni ninguna semejanza de lo que esté arriba en el cielo, ni abajo en la tierra, ni en las aguas debajo de la tierra. No te *inclinarás a ellas*, ni las honrarás; porque yo soy Jehová tu Dios, fuerte, celoso, que visito la maldad de los padres sobre los hijos hasta la tercera y cuarta generación de los que me aborrecen, y hago misericordia a millares, a los que me aman y guardan mis mandamientos" (Éxodo 20:3-5, énfasis añadido).

> *"No haréis para vosotros ídolos,* ni esculturas, ni os levantaréis estatua, ni pondréis en vuestra tierra piedra pintada *para inclinaros a ella;* porque Yo Jehová soy vuestro Dios" (Levíticos 26:1, énfasis añadido).

> "Ved ahora que yo, Yo Soy, y no hay dioses conmigo; yo hago morir y hago vivir; yo hiero; y yo sano; y no hay quien pueda librar de mi mano" (Deuteronomio 32:39).

No solamente a María han convertido en un ídolo, sino que los ídolos en el corazón de los hombres han trascendido en todo el sentido de la palabra. Pablo enmarcó el hecho con el texto de Romanos 1:20 cuando dijo que los hombres no tienen temor alguno, pues habiendo conocido a Dios, no le han glorificado como a Dios, ni le han dado gracias, sino que se han envanecido en sus propios razonamientos y su necio corazón se ha entenebrecido. Han cambiado la gloria del Dios incorruptible en semejanza de imagen de hombre corruptible, de aves, de cuadrúpedos y de reptiles. Lo que ha hecho que también Dios les haya entregado a la inmundicia, en las concupiscencias de su corazón. De tal modo que han deshonrado entre sí sus propios cuerpos, cambiando la verdad de Dios por la mentira, honrando y dando culto a las criaturas antes que al Creador. El problema es que hay fuerzas demoníacas asechando detrás de estas prácticas, pero la humanidad no lo quiere aceptar.

La Biblia es clara y nos manda a huir de la idolatría. Si no lo hacemos confrontaremos gravísimos problemas. Y para los que no entienden la trascendencia de esta palabra, idolatría significa el rendir honor, pleitesía o culto a cualquier cosa que usurpe el lugar que solamente le corresponde a Dios. Desde la avaricia (Colosenses 3:5), los santos canonizados de la iglesia católica, y hasta los sutiles y sofisticados sentimientos que albergamos en el corazón y que a la hora de la verdad relegan a Dios a un segundo plano. Placeres, afectos, posiciones, posesiones, títulos, dones, ministerios, prestigios, fama, poder, popularidad, etc. Seamos sobrios y no caigamos en esto, por favor. ¿Ves?, ¿por qué hay que andar velando y orando? Después de este paréntesis que el Espíritu Santo me hizo hacer por causa de las atrocidades que se han cometido con María, regresemos nuevamente al asunto de las buenas y malas noticias.

Los tres personajes que hablaron con Abraham le trajeron un tremendo notición. Sara daría a luz un hijo tal y como Dios se lo había prometido. Ellos habían llegado para dar la buena nueva y al mismo tiempo descubrirle a Abraham el juicio que traían para Sodoma y Gomorra.

¡Extraña combinación!

¿De dónde nace la extraña combinación de buenas y malas noticias? Nace de que Dios dijo que nuestra fe tiene que ser probada como el oro. Tiene que desarrollarse, aumentar y crecer. La fe no da explicaciones, solamente vence el mal momento. La fe nunca pregunta por qué. ¿Cuántas mujeres han concebido hijos por una promesa que el Señor les dio, y al pasar el tiempo, Dios mismo se los ha pedido? Qué duro ha sido, ¿verdad? Es ahí donde tu fe tiene que ser tan fuerte como fue la de Abraham.

La fe que transitó de la celebración en el oriente de Bet-el hasta el monte Moriah y venció. Dios lo probó para hacerlo crecer y multiplicar. Observa como Dios puso al descubierto la fe de este hombre.

> "Esperad aquí con el asno, *y yo y el muchacho iremos hasta allí y adoraremos, volveremos a vosotros*" (Génesis 22:5, énfasis añadido).

Abraham creyó cuando Dios le prometió a Isaac, también creyó cuando se lo pidió en sacrificio, y creyó que Dios se lo resucitaría. ¿No aumenta esto tu fe? ¿No es ésta una buena noticia? Yo creo que sí. Tu hijo resucitará, aunque ahora tus ojos lo estén viendo destruido. Dios ha prometido salvarlo y lo hará. Tienes que tener fe en ese nuevo nacimiento que se producirá en él.

Fe en medio de la espera, fe en el sacrificio, fe en la sanidad, fe en la resurrección y también en la liberación. Esa es la fe que Jesús dijo que vencería al mundo. Estoy consciente que muchas cosas ponen a prueba nuestra fe como lo es el sufrimiento, el ver prosperar a otros cuando no se lo merecen, la espera, etc. Pero nada de eso es comparable con la gloria que en nosotros ha de manifestarse.

No olvides que en ocasiones, para perfeccionar tu fe, Dios te pedirá grandes sacrificios y te guiará por sendas difíciles, para enseñarte a escoger siempre lo mejor de lo mejor. Permitirá demoras en algunas de tus oraciones para que te apegues más a Él o dejará que te sientas solo para desarrollar tu potencial al máximo. ¡Qué grande es Dios! Habrá buenas y malas noticias, pero en todas ellas se glorificará el Señor.

Si no pregúntale a Jairo, cuando 'en su esperanza de que el Maestro lo acompañara a su casa', le dijeron que su hija había muerto. O a la mujer del flujo de sangre que había gastado todo, tratando de encontrarle cura a su enfermedad, a Marta y a María, o a los caminantes de Emaús. Son tantos los que pueden testificarte acerca de la fe, que el presupuesto para imprimir el libro no me da para enumerarlos, y esto no es falta de fe, sino una broma para variar. Te dejo las siguientes palabras para que tomes los despojos del enemigo y te apropies de tu victoria.

"Y *sabemos* que a los que aman a Dios, todas las cosas les ayudan a bien, esto es, a los que conforme a su propósito son llamados" (Romanos 8:28).

No luches más, descansa en Dios. No te "rochees" la cabeza pensando en lo negativo o en lo que pudo ser y no fue. Acepta que tu caminar estará lleno de etapas que serán fáciles y otras que serán difíciles. La oportunidad de elegir entre regresar o terminar la travesía con Jesús, es tuya y de nadie más. Es tiempo que conozcas a El Shaddai. El Dios todopoderoso. El especialista en casos imposibles.

Capítulo 8

El Dios de lo imposible

El Shaddai. El Dios todopoderoso. Para quien los imposibles no existen. Cuya Omnipotencia es parte de sus atributos y de sus perfecciones. ¿Crees realmente lo que la Biblia dice y enseña con respecto al poder de Dios? El Dios que trasciende a toda circunstancia, que traspasa toda barrera, que nos traspasa inclusive a nosotros mismos con su poder. Mira lo que Job declaró:

"Yo conozco *que todo lo puedes,* y que no hay pensamiento que se esconda de ti" (Job 42:2, énfasis añadido).

¿Cuándo fue que Job dijo esto? ¿Acaso no fue después de la confrontación de parte de Dios por su actitud de justificación propia? Observa también la declaración que hizo Juan el Bautista cuando los fariseos y los saduceos se daban el "botate" de ser llamados hijos de Abraham. Juan les dijo:

"Porque yo os digo que Dios puede levantar hijos a Abraham aun de estas piedras" (Mateo 3:9).

"Entonces Jesús dijo a sus discípulos: De cierto os digo, que difícilmente entrará un rico en el reino de los cielos. Otra vez os digo, que es más fácil pasar un camello por el ojo de una aguja, que entrar un rico en el reino de Dios. Sus discípulos, oyendo esto, se asombraron en gran manera, diciendo: ¿Quién podrá ser salvo? Y mirándolos Jesús, les dijo: *Para los hombres esto es imposible; mas para Dios todo es posible"* (Mateo 19:23-26, énfasis añadido).

¿No te da gusto saber que la salvación depende de Dios y no de los hombres? ¡Aleluya! Es Dios que ha demostrado su poder sobre Su Creación, su dominio sobre todas las cosas, que hace milagros, prodigios, maravillas; que libra las más grandes batallas siempre con pocas personas. El que libra a su pueblo ejercitándose en favor de los fieles, y que a través de Jesucristo nos ha hecho partícipes de su divina naturaleza y del poder de su resurrección (2 Pedro 1:3-4).

Sara jamás pensó que su esterilidad era un asunto temporal. Fue algo así como el silencio que antecedió a la nota musical de fe que Dios estaba próximo a escribir en el pentagrama de su vida. Llegó el momento en que su afrenta terminó. Su nombre fue cambiado, de Saraí que significaba 'contenciosa', a Sara que significa "princesa". ¡Qué canto de promoción le dio Dios! Y lo mismo que le ocurrió a Sara puede ocurrir contigo. He aquí el requisito indispensable, la fe. El asunto es creerle a Dios. ¿No fue acaso esto lo que Jesús le recriminó a Marta y a María? Examinemos un momento esa conversación...

> "Entonces Marta, cuando oyó que Jesús venía, salió a encontrarle; pero María se quedó en casa. Y Marta dijo a Jesús: Señor, si hubieses estado aquí (*la limitación*) mi hermano no habría muerto. Mas también sé ahora (*la esperanza*) que todo lo que pidas a Dios, Dios te lo dará. Jesús le dijo: Tu hermano resucitará. Marta le dijo: Yo sé que resucitará en la resurrección en el día postrero (*otra vez la limitación*). Le dijo Jesús: Yo soy la resurrección y la vida; el que cree en mí, aunque esté muerto, vivirá (*la clave*). y todo aquel que vive y cree en mí, no morirá eternamente. ¿Crees esto? (*la confrontación*). Le dijo: Sí, Señor; yo he creído que tú eres el Cristo, el hijo de Dios que has venido al mundo" (Juan 11:20-27).

Hasta ahí llegaba la fe de Marta. Hay algo en este pasaje que siempre ha llamado mi atención y es el hecho de que Jesús les preguntase dónde estaba enterrado Lázaro, e hiciera que ambas hermanas lo llevaran al sepulcro. Es que cuando Dios tiene en mente glorificarse, nos lleva a donde hemos enterrado nuestras desilusiones para con Él. Me refiero a esas supuestas "tardanzas" que decimos, Dios ha tenido. ¿Tienes acaso enterrada alguna desilusión con Dios? Pues, no en balde se te hace difícil creer. Tienes que quitar esa piedra inmediatamente aunque sientas que no puedes soportar el hedor que llevas dentro, de otra manera no habrá resurrección ni liberación en tu vida.

DEJA SALIR EL DOLOR DE TU ANGUSTIA, AUNQUE HIEDA

Llora, patalea si es necesario, irrumpe en gritos, deja que Dios te lleve a una catarsis, pero záfate de ese muerto, que es la incredulidad. De lo contrario, tú también terminarás en la tumba. Parte de la clave para Dios es sacarte de ahí y que seas sanado interiormente. José lo sabía y lo deseaba en lo más profundo de su corazón (Génesis 45).

> *"No podía ya José contenerse delante de todos los que estaban al lado suyo, y clamó: Haced salir de mi presencia a todos. Y no quedó nadie con él, al darse a conocer José a sus hermanos. Entonces se dio a llorar a gritos; y oyeron los egipcios y oyó también la casa de Faraón. Y dijo José a sus hermanos: Yo soy José; ¿Vive aún mi padre? Y sus hermanos no pudieron responderle, porque estaban turbados delante de él"* (Génesis 45:1-3)

Desahogarse es vital. No podemos servir a Dios eficazmente si llevamos en el corazón rebeliones y raíces de amargura. Solamente después de un genuino desahogo, nuestra adoración a Dios se convierte en grato olor.

> "Entonces María tomó una libra de perfume de nardo puro, de mucho precio, y ungió los pies de Jesús, y los enjugó con sus cabellos; *y la casa se llenó del olor del perfume"* (Juan 12:3, énfasis añadido).

Para servir al Señor con capacidad y eficiencia tienes que encarar de frente tus barreras emocionales. La mayoría de esas barreras se encuentran enterradas con vida a niveles inconscientes. Cuando Dios te sana emocionalmente, al igual que María puedes derramar tu perfume más preciado, la vida misma, a los pies del maestro. Te importará un rábano y tres pepinos lo que la gente diga sobre tus acciones de fe. Tú sabes, porque sabes, que todo fue hecho posible porque le creíste al Dios de lo imposible. ¡Bendito sea Su nombre eternamente y para siempre!

EL DIOS DE LO IMPOSIBLE DESEA SANAR TU ESPÍRITU

El Dios de lo imposible desea sanar tu espíritu para que conozcas la verdad y seas conciente de lo que puede hacer en ti. Cuando el espíritu está prisionero o atado se siente incapaz de llegar a Dios. Es ahí donde la rebelión te hace estar a la defensiva, haciéndote sentir perseguido, viviendo en necesidades y en pobreza espiritual. Pídele al Señor que te saque de ahí. Él es el único que puede identificarse con tu dolor en forma personal.

> "Despreciado y desechado entre los hombres, *varón de dolores, experimentado en quebranto;* y como que escondimos de él el rostro, fue menospreciado, y no lo estimamos. Ciertamente llevó él nuestros dolores; y nosotros le tuvimos por azotado, por herido de Dios y abatido" (Isaías 53:3-4, énfasis añadido).

Dime, ¿habrá alguien aparte de Dios que pueda cargar sobre sí el dolor de toda la raza humana junta? Por supuesto que no. Por eso y mucho más, Él es el Dios de lo imposible.

Alguien dijo una vez:
"El que ríe último, ríe mejor".
Yo le añado: Todo depende de lo que se ría,
porque hay risas que se convierten en llanto,
sobre todo cuando se deja a Dios
fuera del corazón".

Rosita Martínez

Capítulo 9

Ríete, pero sucederá

En este capítulo enfatizo el cumplimiento de las promesas de Dios. El Diccionario de Teología define la palabra "promesa" como una declaración o seguridad dada a otra persona con respecto a una situación futura. Todos sabemos que Dios le habló a Abraham, cuando lo llamó y le hizo varias promesas.

Prometió hacer de él una nación grande, bendecirlo, engrandecer su nombre, darle un hijo, bendecir a los que le bendijesen, y bendecir en él a todas las familias de la tierra. Pues bien, en esa bendición estamos incluidos tú y yo, así que, gózate.

Allí estaba Sara, oyendo detrás de la puerta cuando Dios le dijo a Abraham que ella próximamente tendría un hijo. El caso aquí es que Sara no era una niña de quince años, sino una anciana. ¡Imagínatelo! Al oír aquellas palabras, Sara se visualizó por un instante y no pudo contener la risa. Sin embargo, Dios se lo reprochó de inmediato. No hay nada que podamos esconderle a Él.

La Biblia no dice el motivo específico por el cual Dios le reprochó que ella se riera. Lo cierto es que cuando Dios dice que va hacer algo en nuestra vida, nunca debemos considerar nuestras limitaciones humanas como un obstáculo para que Él obre. Ahí es precisamente donde a Dios le gusta glorificarse, cuando nosotros decimos que no podemos. El libro de Éxodo nos da una referencia al respecto:

> "Entonces dijo Moisés a Jehová: ¡Ay, Señor! Nunca he sido hombre de fácil palabra, ni antes, ni desde que tú hablas a tu siervo; porque soy tardo en el habla, y torpe de lengua. *Y*

*Jehová le respondió: ¿Quién dio la boca al hombre? ¿O quién hizo
al mudo y al sordo, al que ve y al ciego? ¿No soy yo Jehová?"*
(Éxodo 4:10-11, énfasis añadido).

Si Dios te promete algo y tú crees que es imposible para ti
lograrlo, pues ¡qué bueno! Por eso fue que te lo prometió. La gloria
siempre le pertenece a Dios. El salmista dijo: *"No a nosotros Jehová,
sino a tu nombre da gloria"* (Salmo 115:1).

Quiero decirte que cualquiera puede recibir una promesa de
parte de Dios, pero desde el momento mismo en que la recibe, hasta
que dicha palabra alcanza su cumplimiento, hay un trecho largo que
recorrer; yo le llamo el tiempo de la espera. Permíteme contarte algo
relacionado a mi vida para que te rías un rato...

EL NOVIO VIENE EN CAMINO...

Hace dieciocho años, cuando todavía vivía en Puerto Rico, visité
la casa de una misionera, amiga mía, compañera de milicia cristiana
y extraordinaria mujer de Dios llamada Rebecca Overstreet.

¿La conoces? Ahora es pastora y dirige junto a su esposo César
García el ministerio evangelístico "El Camino", en Kissimmee,
Florida.

En aquella visita, lo que menos yo imaginé fue que Dios usaría a
un profeta que se encontraba allí para darnos una promesa con relación a nuestros respectivos compañeros, o sea nuestros futuros
maridos. Lo grande de todo fue que cuando Dios me habló a mí me
dijo: "Hija mía, tu compañero viene en breve".

¡Te imaginas! ¿verdad? Por los próximos doce meses, a partir de
aquella palabra profética, mis ojos estuvieron tan abiertos como los
de un 'buho' esperando recibir la bendición que el Señor me
anunció. Y como dice la letra de una canción que aprendí de niña:
"pasaron una, dos, tres, cuatro, cinco, seis, siete semanas...", y nada.

Tiempo después, Rebecca se casó y la otra hermana en la fe que
estaba con nosotros aquella noche, también se casó (es mi cuñada
hace trece años) y yo aún estoy esperando en el Señor. ¡Dieciocho
años han pasado! Menos mal que la Biblia dice que la esperanza no
avergüenza. ¿Sabes?

Cuando cuento esto, por lo general la gente se ríe y yo también.
El secreto que muchos ignoran es que aquí "quien ríe último, ríe
mejor", y yo vivo feliz porque para mí el tiempo de la espera ha sido

de preparación. Desde el momento que Dios me habló no he cesado de testificar que el novio viene en camino. Espero que lo puedas llegar a conocer. Por eso he titulado este capítulo "Ríete, pero sucederá".

EL TIEMPO DE LA ESPERA ES TAMBIÉN TIEMPO DE PREPARACIÓN

¿No te ha pasado que Dios te ha hecho promesas públicamente a través de la voz de un profeta y tuviste que voltear la cabeza para ver si era a ti a quien realmente el Señor le hablaba? A mí me pasó.

Contaba con apenas dieciséis años de edad cuando Dios habló a mi vida por primera vez en voz profética, por labios de una hermana de la fe que nunca antes me había visto. Me dijo el Señor: "Hija, así te dice el Señor: He aquí yo te llamo hoy para que lleves Mi Palabra. Cruzarás ríos y mares llevando testimonio por doquier, visitarás países que nunca imaginaste y posarás la planta de tus pies sobre Reinos y Naciones, y te haré sentar entre príncipes".

Honestamente, yo miré hacia el lado para ver si era conmigo el asunto, cuando repentinamente la hermana que me estaba ministrando, envuelta en la bendición de Dios, dejó caer sobre mi cabeza una botella llena de aceite. Tenía aceite por todas partes, cabeza, ojos, boca, nariz, manos, ropa, en fin, o la hermanita estaba bien emocionada o el Señor quería asegurarse de que la unción sea completa. Gloria a Dios por la unción que depositó en mí; aquella fue una experiencia muy particular e inolvidable.

Aquella noche llegué a mi casa tardísimo (tú sabes, era un culto pentecostal). Entré por la puerta de mi casa caminando sobre una nube de gloria a causa de la unción tan fuerte que reposaba sobre mí. Recuerdo que mi padre, al verme entrar, me volteó la cara de una bofetada. Por supuesto, él no sabía la razón de mi tardanza y tampoco me dio tiempo para explicarle.

Así que, de la gloria me bajaron a la tierra y para aquel entonces yo no entendía por qué. Gracias le doy a Dios por mi amado hermano José que ya era cristiano, y estuvo en ese momento a mi lado para consolarme.

Bueno, y qué tiene que ver todo esto que te cuento con tu persona. Sencillo; siempre que Dios te hace una promesa se levanta la adversidad y también los tiempos duros, para que dudes de lo que

129

Dios te prometió. Ahí es donde comienzas a decirle al Señor: "¡Saaaacame de aquííí!", y "¡¿Hasta cuándo, Señor?! El diluvio en mi casa no cesa, no aguanto el encierro".

Yo te digo que abras la ventana, que respires aire fresco, porque la puerta ha sido abierta para que salgas de ahí, que te fructifiques y te multipliques. Porque el Dios de lo Imposible fue el que te llamó y Él hará que las cosas sucedan en tu vida. Así que, ¿qué esperas para comenzar a reírte a carcajadas? ¡Vamos, yo te ayudo! Ahhhhjajajajaja.

Parte de la promesa que recibí en aquel culto se ha cumplido, pero no fue de la noche a la mañana. Dios tuvo que procesarme. Libertarme de un montón de ataduras que tenía, trabajar con mis áreas de orgullo y prepotencia, hasta verme capaz de asumir ciertas responsabilidades. Todavía sigue trabajando, esto es hasta que Cristo venga o nos llame a Su Presencia.

¿Qué situación en particular estás viviendo tú? ¿Qué calvario personal estás atravesando? Ya sé. Es que nadie te dijo lo que precedía a una promesa ¿verdad? A mí tampoco, pero por eso estoy aquí, para hacértelo saber, si es que aún no lo has captado.

FORTALÉCETE EN FE

La Biblia dice que Abraham creyó en esperanza contra esperanza. ¿Qué significa eso? Significa que apoyó su fe en una esperanza que estaba fuera del margen de toda esperanza humana. La promesa divina versus la condición de su cuerpo. Es posible que hayas decaído en la fe a causa de lo que ves, sientes, oyes o palpas, pero no te des por vencido, lucha, fortalécete en fe. Saluda la victoria que viene en camino. La gran nube de testigos que aparece en el capítulo doce de la carta a los Hebreos debe ser para nosotros de gran inspiración.

No eran gente perfecta, ni tenían tanto conocimiento como el que tenemos nosotros hoy día, pero fueron personas que caminaron hacia delante a pesar de la oposición y de los vientos contrarios que los asediaron. Recuerda que en Cristo la victoria es segura, pero habrá gran lucha, y a veces de las batallas también se sale herido.

Te lo vuelvo a repetir. Aprende a ver lo que crees, para no creer lo que ves. Porque por fe es que se anda y no por vista. Saca fuerzas de debilidad. Mira la recomendación que nos hace el Apóstol Pablo:

"Por lo demás, hermanos míos, fortaleceos en el Señor, y en el poder de su fuerza. Vestíos de toda la armadura de Dios, para que podáis estar firmes contra las asechanzas del diablo" (Efesios 6:10).

Robustécete, vigorízate, vístete de poder. Al diablo lo vences resistiéndolo firme en la fe. Creyéndole a Dios siempre. ¿Te hizo el Señor alguna promesa? Pues no tardará en cumplirla. Espérala, porque viene en camino.

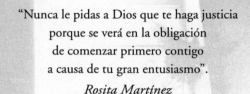

"Nunca le pidas a Dios que te haga justicia
porque se verá en la obligación
de comenzar primero contigo
a causa de tu gran entusiasmo".

Rosita Martínez

Capítulo 10

El Dios de justicia

"El juez de toda la tierra, ¿no ha de hacer lo que es justo? Entonces respondió Jehová: Si hallare en Sodoma cincuenta justos dentro de la ciudad, perdonaré a todo este lugar por amor a ellos".

(Génesis 18:25-26)

Empecemos definiendo la palabra justicia. El Diccionario Manual Ilustrado de la Lengua Española, VOX, define la justicia como "virtud que se inclina a obrar y juzgar **teniendo por guía la verdad**, y dando a cada uno lo que le pertenece". El Diccionario de Teología dice que "la justicia es uno de los atributos comunicables de Dios y que manifiesta su santidad". La Biblia enseña que Dios es la fuente de toda justicia, de modo que podemos confiar en todo lo que Él hace. ¿Crees esto?

"Él es la Roca, cuya obra es perfecta. Porque todos sus caminos son rectitud; Dios de verdad, y sin ninguna iniquidad en él; *es justo y recto*. La corrupción no es suya; de sus hijos es la mancha, generación torcida y perversa. ¿Así pagáis a Jehová, pueblo loco e ignorante? ¿No es él tu padre que te creó? El te hizo y te estableció. Acuérdate de los tiempos antiguos, considera los años de muchas generaciones; pregunta a tu padre, y él te declarará" (Deuteronomio 32:4-7, énfasis añadido).

Este verso pone de manifiesto que somos nosotros los que tenemos conflictos en entender lo justo que es Dios al obrar; todo por causa de nuestro pecado.

Abraham estaba delante de Jehová y su preocupación no solamente era su sobrino Lot, sino las ciudades de Sodoma y Gomorra. No podía dejar ir al Señor sin explorar primeramente su corazón respecto a ese juicio. No cabe duda de que Abraham había crecido en su relación con Dios. El hombre que conoce a Dios no vive pensando en sí mismo, sino que sabe pararse en la brecha para interceder a favor de otros.

> "Y Abraham replicó y dijo: He aquí ahora que he comenzado a hablar a mi Señor, aunque soy polvo y ceniza. Quizá faltarán de cincuenta justos cinco; ¿destruirás por aquellos cinco toda la ciudad? Y dijo: No la destruiré si hallare allí cuarenta y cinco" (Génesis 18:27-28).

¡Qué conversación tan elocuente! ¿Te fijaste en la humildad y la reverencia con que Abraham le habla a su Dios? Lo lamentable era que en Sodoma no había nadie justo. Todos los que moraban allí habían llegado al punto más alto de su maldad.

El Dios de justicia ama al pecador, pero no tolera el pecado

Son tantos los que todavía no han comprendido esto. Dios ama entrañablemente al pecador, pero no tolera el pecado, y cuando emite sus juicios lo hace en base a Su justicia santa. Es de conocimiento que los asuntos públicos tienen sus jueces, y el asunto de estas dos ciudades llegó hasta la misma presencia de Dios, el Juez por Excelencia. Para entender esto, examinemos dos casos donde la justicia de Dios se pone de manifiesto.

> "Nadab y Abiú, hijos de Aarón, tomaron cada uno su incensario, y pusieron en ellos fuego, sobre el cual pusieron incienso, y *ofrecieron delante de Jehová fuego extraño, que él nunca les mandó. Y salió fuego de delante de Jehová y los quemó, murieron delante de Jehová*" (Levítico 10:1-2, énfasis añadido).

¡Qué injusto!, gritarían algunos. ¿Cómo pudo pasarle esto a los hijos de un hombre de Dios? Sí, pero los hijos de Aarón creyeron que el ministerio era cosa de juego. Que podían entrar al tabernáculo y usar los utensilios de Dios a su antojo y ofrecer lo que se les pegara la regalada gana y que a Dios eso no lo enojaría, y como dice el dicho: "el que con fuego juega, se quema". ¡Vaya si se quemaron! El Señor los achicharró al instante con fuego santo de su altar. Ejecución inmediata. Mi hermano, Dios 'no se casa con nadie'. Aquí no hubo ignorancia en estos dos muchachos, mas bien, hubo premeditación y alevosía. Ellos sabían perfectamente que no les era permitido ofrecer fuego sobre el altar sin el debido permiso, y mucho menos fuego común y corriente.

Tentaron a Dios y recibieron su justa retribución, porque Dios es justo y Su Justicia es Santa. Aprendamos de esto y temamos a Dios. Tengamos cuidado de cómo intentamos servirle. Recordemos que Él es Santo y que el sistema del mundo no armoniza con el sistema de Dios. Debemos cuidar los altares de nuestras iglesias, de no ofrecer nunca fuego extraño ante la presencia del Señor porque Su justicia comienza en casa. No sea que muchos mueran antes de tiempo.

DIOS TE HACE RESPONSABLE
DEL CONOCIMIENTO REVELADO

"Y cuando acaben Aarón y sus hijos de cubrir el santuario y todos los utensilios del santuario, cuando haya de mudarse el campamento, vendrán después de ello los hijos de Coat para llevarlos; pero no tocarán cosa santa, no sea que mueran. Estas serán las cargas de los hijos de Coat en el tabernáculo de reunión" (Números 4:15, énfasis añadido).

He aquí otro pasaje donde la celebración terminó en luto. Yo llamo a Uza, el hombre de la arrogancia y la presunción. Nadie quita la posibilidad de que haya sido un acto impulsivo de sus reflejos, pero lo cierto es que él había sido instruido como coatita acerca de la demanda de Dios, respecto a las cosas sagradas. Tocar o mirar el arca era una ofensa capital y se pagaba con la muerte (Números 4). Era el toque humano el que estaba prohibido, porque estamos contaminados.

Por eso Dios mató a Uza. Así es la rectitud divina. La justicia de Dios está intrínsecamente relacionada con su carácter de santidad. Es parte de su Ser. Dios establece las normas y Él es el primero en cumplirlas. Significa que todo lo que Dios hace es precedido por como Él es. Dios es derecho, somos nosotros los que andamos torcidos, equivocando conceptos, anteponiendo criterios humanos, argumentando y justificándonos siempre por todo. ¡Tenga el Señor misericordia de nosotros!

La justicia de Dios dejó establecido lo siguiente: "El alma que pecare, esa morirá" ¡Cuidado! Cada vez que desobedeces a Dios le estás diciendo con tu actitud que tu modo de ver las cosas es mejor que el modo en que Él las ve. Es un acto deliberado de pura rebelión, y la rebelión es un principio satánico que tarde o temprano termina destruyendo al ser humano. La actitud correcta del hombre frente a Dios debe ser una de reconocimiento, de temor y respeto a Su palabra revelada, la Biblia.

El caso de Saúl

Saúl es un vivo ejemplo de lo que significa hacer las cosas al modo personal y sin tomar en cuenta a Dios para nada. No destruyó a los amalecitas como Dios le dijo que hiciera, y finalmente, un amalecita lo ayudó a morir. El pecado es así, o lo matas tú a él, o te mata él a ti. En todas estas cosas el Dios de los Cielos nos está advirtiendo que algún día el hacha va a caer y sus juicios van a ser derramados, porque nuestro Dios es justo.

> "Y ya también el hacha está puesta a la raíz de los árboles; por tanto, todo árbol que no da buen fruto es cortado, y echado al fuego" (Mateo 3:19).

Jesucristo nuestra justificación: Una puerta de escape

¡Qué bueno ha sido Dios con el hombre! Declarar justos a todos aquellos que hemos creído en Jesucristo como nuestro Salvador personal. Claro está, que no es creer y seguir haciendo lo que nos da la gana. La justificación activa se demuestra en una vida consagrada para Dios y la obediencia absoluta a los principios establecidos por Él.

¿Sabes qué es lo que más me emociona cuando pienso que Jesús es la Justicia de Dios cumplida? Que sin Jesús, hace tiempo que hubiésemos perecido. Reconozcamos que vivimos por Su Gracia y Misericordia. Lo que Su Santidad demanda, Su Gracia lo ha provisto en Jesucristo. **¡Démosle a Él toda Gloria!**

TERCERA PARTE

Puerta de Liberación

"Ante los oídos de los hombres
tu clamor puede parecer un ruido estridente,
pero ante los oídos de Dios
tu clamor es un precioso salmo
que edificará el corazón de los demás".

Rosita Martínez

Capítulo 11

Dios oye ese clamor

"Entonces Jehová le dijo: Por cuanto el clamor contra Sodoma y Gomorra se aumenta más y más, y el pecado de ellos se ha agravado en extremo, descenderé ahora, y veré si han consumado su obra *según el clamor que ha venido hasta mí;* y si no, lo sabré".

(Génesis 18:20-21, énfasis añadido)

He oído a muchos decir en su ignorancia: "Dios está muy ocupado allá arriba como para meterse en las cosas de acá abajo". ¡Cuán equivocados viven los que se expresan así de Dios! Se hacen necios al hablar. Mira lo que dice este salmo:

"Jehová está en su santo templo; Jehová tiene en el cielo su trono; *sus ojos ven y sus párpados examinan a los hijos de los hombres,* Jehová prueba al justo; *pero al malo y al que ama la violencia, su alma los aborrece. Sobre los malos hará llover calamidades; fuego, azufre y viento abrazador será la porción del cáliz de ellos, porque Jehová es justo, y ama la justicia;* el hombre recto mirará su rostro" (Salmo 11:4-7, énfasis añadido).

La Biblia corrobora una y otra vez que todo cuanto sucede aquí, en la tierra, es visto y examinado por Dios. Que Él no soporta las injusticias. Cuando los designios de los hombres son de continuo hacia el mal, no hay nada que detenga el juicio divino. Dios no tolera el pecado, es abominación ante Sus ojos. Para los seres humanos esto se hace cosa liviana porque todos nacimos pecadores, hemos sido formados básicamente en el sistema del mundo y estamos habituados a pecar, pero no así para Dios.

El asunto es más serio de lo que muchos piensan. No sé si a ti te pasa como a mí, pero en la medida en que más me acerco a Dios, vivo más consciente de mis propios pecados y de mis imperfecciones. Al principio era frustrante, pero luego entendí que era el resultado ineludible de acercarme a Dios, que es la luz verdadera. Eso fue lo que Cristo señaló cuando dijo: *"Porque todo aquel que hace lo malo, aborrece la luz y no viene a la luz, para que sus obras no sean reprendidas"* (Juan 3:20). La luz todo lo declara y no hay nada que ante ella podamos esconder. El pecado se hace evidente.

Creo de todo corazón que sin temor de Dios no hay ideales morales que puedan detener al hombre de aquellas cosas que le producen placer. La lección se ha repetido una y otra vez desde que Adán pecó contra Dios. Este fue el caso de los moradores de Sodoma y Gomorra. La palabra de Dios señala categóricamente que todos se han desviado (refiriéndose a la condición pecaminosa del hombre), que no hay quién haga lo bueno, no hay siquiera uno (Romanos 3:10-12).

Así que, para aquellos que se creen ser buenos porque en su vida nunca "ni han tirado piedras ni han velado al guardia", ahí les va eso. Entiende de una buena vez que cuando haces algo bueno, ese acto de bondad no nace de ti propiamente, sino de Dios quien te escoge a ti como el canal para bendecir a otro. Si aprendes esto, cuando alguien te haga algún favor o bien, le darás siempre la gloria a Dios y no al hombre. Te garantizo que jamás serás esclavo de la gente por los favores recibidos, sino que serás una persona agradecida.

LA GRAN DEMANDA DE UN CLAMOR

Dios no solamente oye el clamor de la oración de los que le temen, sino que escucha el clamor nacido de las injusticias. Mira el siguiente verso:

> "Y Jehová dijo a Caín: ¿Dónde está Abel tu hermano? Y él respondió: No sé. Soy yo acaso guarda de mi hermano? Y él le dijo: ¿Qué has hecho? *La voz de la sangre de tu hermano clama a mí desde la tierra"* (Génesis 4:9-10, énfasis añadido).

Dios está pendiente de la sangre de los inocentes. Puede que muchos se libren de la justicia terrenal, pero de la justicia divina, ninguno. Tanto así, que cuando llegue el tiempo apocalíptico y la tercera copa de la ira de Dios sea derramada, las aguas se convertirán en sangre por causa de los santos y profetas de Dios que fueron muertos injustamente (Apocalipsis 16:6).

En definitiva, Dios vive comprometido con el clamor del hombre. Sea para librarlo de algún mal o para corregirlo. De hecho, creo que no hay un libro que señale tan abiertamente el que Dios oye el clamor de su pueblo como el libro de los Jueces (Ver capítulos 2, 3 y 4). Cada vez que clamaban a Dios, lo movían a misericordia con sus gemidos a causa de aquellos que los oprimían y afligían.

EL CLAMOR ES ALGO MÁS QUE UNA ORACIÓN

Clamar es gritar, es gemir ante Dios pidiéndole con todo el corazón Su intervención inmediata. Es insistir y seguir insistiendo como hizo Bartimeo, el ciego (Marcos 10:47) hasta detener a Jesús en el camino, a pesar de la oposición de los discípulos. La Biblia dice que daba voces. A él no le importó lo que la gente pensara, tenía una necesidad y punto. El que reconoce que está en necesidad no le importa si otros opinan que está haciendo el ridículo. Clama hasta ver el milagro realizado.

¿Estás tú clamando o simplemente orando? El que ora presenta una petición, el que clama demanda una respuesta. El que clama sacrifica lo que sea hasta ser atendido. La oración puede ser pasiva, pero el clamor no. El clamor es guerra espiritual, es intensa agonía, es entrega, es pasión sin medida. El clamor de un alma arrepentida mueve a Dios más que ninguna otra cosa en el mundo. Su delicia está en perdonar y salvar.

Dios es bueno y basta que en nosotros arda un deseo que esté en armonía con Su voluntad, para que Él se mueva a nuestro favor y nos ayude. Por tanto, no desmayes porque Él oye tu clamor y vendrá a tu encuentro con prontitud.

"Claman los justos, y *Jehová oye, y los libra* de todas sus angustias" (Salmo 34:17, énfasis añadido).

"En cuanto a mí, a Dios clamaré; y Jehová me salvará. *Tarde y mañana y a mediodía* oraré y clamaré, *y él oirá mi voz.* Él redimirá en paz mi alma de la guerra contra mí, aunque contra mí haya muchos" (Salmo 55:16-18, énfasis añadido).

¿Clamas tú como lo hizo David? Insistentemente, continuamente, preferentemente. Él tenía bien claro en su mente que esa era su prioridad de vida. Clama así y verás la poderosa mano de Dios obrar a tu favor, en el momento oportuno.

> "En el día de mi angustia te llamaré, *porque tú me respondes"* (Salmo 86:7, énfasis añadido).

¡Qué seguridad la de David! ¿Será así la tuya? Concluyo con el siguiente verso: Medita en él y pregúntate... ¿hallará el Señor fe en mí?

> "¿Y acaso Dios no hará justicia a sus escogidos, que claman a él día y noche? ¿Se tardará en responderles? Os digo que pronto les hará justicia. *Pero cuando venga el hijo del Hombre, ¿Hallará fe en la tierra?"* (Lucas 18:7-8, énfasis añadido).

"Hay lugares en los que son un peligro sentarse
porque puedes olvidar fácilmente que
Dios te dio una voluntad
para pararte...
¡Anda, levántate de ahí ahora mismo!"

Rosita Martínez

Capítulo 12

¿Qué haces sentado ahí?

"Llegaron, pues, los dos ángeles a Sodoma a la caída de la tarde; y
Lot estaba sentado a la puerta de Sodoma".

(Génesis 19:1)

El asunto en este capítulo es extremadamente serio. Está relacionado con los peligros a los que te expones cuando te sientas en lugares que no te corresponde estar como creyente en Jesucristo.

Cuando estudié de cerca toda la trayectoria de Lot, me di cuenta que sus decisiones fueron siempre motivadas por un espíritu de codicia y ambición. El deseo desmedido de tener más y más. Ese deseo prácticamente lo llevó a la ruina como ha llevado también a la ruina a muchos creyentes hoy día.

La pregunta que me hago es la siguiente: ¿Será cada persona que se dice ser cristiana un genuino creyente en Jesucristo? y ¿Qué significa ser creyente del Evangelio? Obviamente, que no es sólo creer en Dios, porque la Biblia dice que los demonios creen y tiemblan. Así que, el ser creyente va mucho más allá de un convencimiento meramente intelectual; envuelve un compromiso absoluto con la persona de Cristo y requiere de nosotros un ejercicio de fe apropiado que Dios demanda en el convenio de la Salvación. Es más que creer. Es recibir la vida de Jesús y aplicar toda Su obra de muerte, resurrección y glorificación a nuestra vida personal. Es una forma distinta de vida. Es vivir como un hijo del reino, con la plena certeza de que Jesucristo tomó nuestro lugar e hizo lo que nosotros jamás pudiésemos haber hecho: salvarnos. En esa salvación nos sacó del mundo de tinieblas y nos trasladó a la luz admirable de su hijo Jesucristo. A pesar de todo, es increíble que todavía haya creyentes que quieran vivir la vida al estilo de Lot.

DIOS TE CREÓ CON LA CAPACIDAD
DE ELEGIR LIBREMENTE

Cuantas veces hemos oído decir que Dios no creó 'robots' ni 'marionetas'. Sin embargo, muchas veces queremos que Dios nos lo resuelva todo. No me malentiendas, no estoy descartando el hecho de que somos dependientes de Él, ese no es el caso. Me refiero a las decisiones de fe que tenemos que tomar versus la parálisis que tiende a sobrecogernos en esos momentos cruciales de la vida.

Te daré un ejemplo sencillo que viví en carne propia. A los tres años de estar viviendo en Miami, mis compromisos de predicación comenzaron a aumentar en el Centro y Norte de la Florida. Eso requirió el que yo viajara todos los fines de semana. Llegó el momento en que la distancia se me convirtió en una carga. Un día, bajo extremo agotamiento y pensando que el próximo fin de semana tenía que volver a subir, le dije al Señor lo siguiente: ¿Padre, qué es lo que pasa que de donde más me llaman a predicar es del Centro de la Florida? ¿Hasta cuándo va a durar esto?". ¿Sabes lo que el Señor me contestó? "Hasta que te mudes. Si ves que he abierto puertas fuera de Miami, ¿qué esperas para mudarte? Deja de lamentarte y marcha en fe".

¿Te fijas? Hay ocasiones en que tienes que tomar decisiones por tu bienestar físico, espiritual y el crecimiento familiar y ministerial. No puedes quedarte sentado ahí mendigando una respuesta que solamente vendrá si das un paso de fe. Bueno, eso fue un paréntesis. Recuerda que estamos de frente a la puerta de Sodoma y aquí hay algo más profundo que quiero tocar de cerca.

LA MUNDANALIDAD DE LOT

¿Qué hacía Lot sentado a la puerta de la libertina ciudad de Sodoma? ¿Qué lo llevó allí? ¿Por qué afligía su alma a diario si tenía la potestad para salir de aquel lugar cuando quisiera?

En esta sección del libro, quiero dirigirme a los que viven aferrados al estilo de vida que predomina en su medio ambiente. Mi objetivo principal con esta amonestación es que no pongas las tiendas de tu corazón en lugares donde se respira pecado, maldad y perversión.

Estar "sentado" es una expresión que denota hábito, costumbre, estado de inercia, pasividad, resignación, el no hacer nada para sacudirte de cosas que están realmente dañando o afectando negativamente tu relación con Dios. Esto va desde pasar hooooras... laaargas ... sentado frente al televisor, perdiendo el tiempo, (aunque pienses que es una bobería) hasta el tratar de juntarte con personas que, llamándose "cristianas", su único interés es seguir pecando y paralizar el plan de Dios en tu vida. La Biblia dice:

> "Mirad, pues, con diligencia cómo andéis, no como necios, sino como sabios, aprovechando bien el tiempo, porque los días son malos" (Efesios 5:15-16).

> "Mas bien os escribí que no os juntéis con ninguno que, *llamándose hermano,* fuere fornicario, o avaro, o idólatra o maldiciente, o borracho, o ladrón; con el tal ni aún comáis" (1º Corintios 5:11, énfasis añadido).

Lot es el vivo ejemplo de lo que podríamos llamar hoy día, un "cristiano mundanal", que no piensa en otra cosa sino en sí mismo y vive fuertemente influenciado por el sistema del mundo. El deseo de la carne, los deseos de los ojos, y la vanagloria de la vida (1º Juan 2:16). Finalmente, ¿qué le ocurrió?

Lo perdió todo; perdió a su esposa, perdió sus posesiones, su autoridad como hombre de Dios y su dignidad. No permitas que el mundo con sus atractivos engañosos te alejen de Dios. Levántale al Señor un altar en tu casa para que el mundo no pueda entrar a destruirte, ni a ti, ni a tu familia. La Biblia es categórica cuando afirma:

> "¡Oh almas adúlteras! ¿No sabéis que la amistad del mundo es enemistad contra Dios? Cualquiera, pues, que quiera ser amigo del mundo, se constituye en enemigo de Dios. ¿O pensáis que la Escritura dice en vano: El Espíritu que él ha hecho morar en nosotros nos anhela celosamente?" (Santiago 4:4-5).

Examina conmigo algunos de los lugares donde el Señor no nos quiere ver sentados...

LAS CUEVAS NO SE HICIERON
PARA LOS PROFETAS DE DIOS

*"Y cuando lo oyó Elías, cubrió su rostro con su manto, y salió,
y se puso a la puerta de la cueva. Y he aquí vino a él una voz,
diciendo: ¿Qué haces aquí Elías?"* (1º de Reyes 19:13, énfasis
añadido).

La pregunta que Dios le hizo era como si le estuviese diciendo,
en otras palabras: "Elías, este no es lugar para ti. Yo te escogí para
que seas profeta. Tu deber es estar allá afuera entre los hombres,
cumpliendo con la tarea que te encomendé, a menos que yo te
indique lo contrario". Dios quería que Elías entendiera que no
había razón alguna para estar así, amedrentado, solitario y triste por
la amenaza de Jezabel.

Él no estaba solo, todavía quedaban siete mil rodillas que no se
habían inclinado a Baal. ¿Cuántas veces después de oír algo negativo
concerniente a tu persona o a los tuyos, te ha pasado lo que a Elías?
Te metiste en la cueva y has querido echarte a morir, inclusive has
dicho 'no vuelvo a ministrarle a nadie'. Pues bien, Dios no te quiere
sentado ahí. Te quiere trabajando, haciendo Su voluntad, adies-
trando gente para el ministerio. Deja de encerrarte en ti mismo; el
espíritu de Jezabel fue ya vencido por Jesucristo en la cruz del
Calvario. ¡Sal de esa cueva ahora mismo, en el nombre de Jesús!

*"Hijitos, vosotros sois de Dios, y lo habéis vencido; porque
mayor es el que está en vosotros, que el que está en el mundo"*
(1º de Juan 4:4, énfasis añadido).

DIOS NO TE QUIERE VIVIENDO DE LAS LIMOSNAS DE
OTRO, ÉL DESEA SANARTE... Y PROSPERARTE

*"Y era traído un hombre cojo de nacimiento, a quien ponían
cada día a la puerta del templo que se llama la Hermosa, para
que pidiese limosna de los que entraban en el templo"* (Hechos
3:2).

Si comprendiéramos los beneficios de habitar dentro de la casa
de Dios, no nos sentaríamos en la puerta a esperar que alguien nos

haga el favor de bendecirnos. El cojo de la Hermosa, cuando recibió la palabra de fe dejó de ser cojo y entró con sus propios pies al templo. Cuando Bartimeo clamó con todas sus fuerzas al único que podía sanarle, dejó de ser ciego y la Biblia dice que siguió a Jesús en el camino.

No te prives de gozar de la presencia de Dios por causa de una cojera espiritual. Tampoco te conformes con las limosnas que hay afuera, cuando adentro está el verdadero Pan de Vida. El escritor a los Hebreos dice:

> "Por lo cual, *levantad* las manos caídas y las rodillas paralizadas; y *haced* sendas derechas para vuestros pies, para que lo cojo no se salga del camino, sino que sea sanado" (Hebreos 12:12-13, énfasis añadido).

El levantamiento del cojo de la Hermosa no era asunto de dinero, sino de fe y voluntad dispuesta. ¿Entiendes esto? Pues no te quedes sentado ahí más tiempo. Yo tampoco tengo ni oro ni plata, pero lo que tengo te doy, en el nombre de Jesucristo de Nazaret te digo: "Levántate y anda"

EL CRISTIANO DE ORILLA TARDE O TEMPRANO SE CAE

> "*El primer día de la semana, reunidos los discípulos para partir el pan, Pablo les enseñaba, habiendo de salir al día siguiente; y alargó el discurso hasta la medianoche. Y había muchas lámparas en el aposento alto donde estaban reunidos; y un joven llamado Eutico, que estaba sentado en la ventana, rendido de un sueño profundo, por cuanto Pablo disertaba largamente, vencido del sueño cayó del tercer piso abajo, y fue levantado muerto*" (Hechos 20:7, énfasis añadido).

En el capítulo cuatro te hablé de la necesidad de una ventana en tu vida, y te mencioné los cuatro aspectos de la misma. Ventilación, luz, visibilidad y acceso. Pues bien, parece que este joven buscaba respirar un poco de aire fresco. Acuérdate que el relato bíblico dice que en el aposento había muchas lámparas (la electricidad no existía para ese entonces), eran antorchas de fuego las que se usaban para alumbrar. El asunto es que no todo el mundo tiene la capacidad para escuchar a una persona hablar por más de una hora, y Pablo era de 'largo metraje'. A Eutico lo venció el sueño, y como estaba en la orilla de la ventana se cayó.

El problema grave aquí es cuando te duermes. Entiéndeme, no estoy criticando a Eutico por sentarse en la ventana, lo que quiero es usar su historia para hacer una analogía del peligro de estar sentado a la orilla y dormirse. El cristiano de orilla no conoce lo que es el compromiso con Dios. Se congrega cuando le parece, coopera si le parece, diezma cuando le parece, ora cuando tiene problemas, escudriña la Biblia y la lee si lo siente. Ayuna si le parece, y si no, no lo hace, sirve cuando le conviene, obedece cuando lo que se le pide no requiere mucho esfuerzo. En fin, vive la vida según su antojo.

Y así, pretende caminar en victoria. "No way José", no es hora de dormir, es hora de despertar del sueño.

NO TE DUERMAS MI HERMANO... PORQUE DE LAS ALTURAS TAMBIÉN UNO SE CAE

Me llamó también la atención que Eutico se hallaba en el tercer piso. Por lo general, cuando las personas alcanzan posiciones altas se recuestan en sus dones, en el conocimiento adquirido, en sus habilidades y en lo que han hecho en bien de la obra del Señor. Es ahí donde el sueño los sobrecoge profundamente y terminan 'reventaos' en el piso por una caída. Aquí, la posición que ocupas es lo de menos, lo importante es que te mantengas despierto y obediente a la Palabra de Dios. Cristo dejó bien establecido el principio de cuando nos llamó. Lo primero en nuestra vida debe ser estar con Él; lo demás viene como consecuencia de lo primero.

> "Y estableció a doce, *para que estuviesen con él,* y para enviarlos a predicar, y que tuviesen autoridad para sanar enfermedades, y para echar fuera demonios" (Marcos 3:14-15, énfasis añadido).

Si nos concentramos en lo que hacemos, perdemos de vista de quién dependemos. Por lo tanto, revisemos nuestra vida y hagamos los arreglos pertinentes a tiempo. Pídele al Señor que despierte tu espíritu para que puedas servirle en una relación estrecha con Él, y a la altura que demanda y espera de ti.

La Biblia me dice que
Jesús toca a tu puerta y llama;
mientras que el maligno quiere romperla
haciendo violencia sobre ella.
Mi pregunta es...
¿A cuál de estos dos personajes
estás acostumbrado a abrirle?

Rosita Martínez

Capítulo 13

¡Peligro! No abras esa puerta...

"Entonces Lot salió a ellos a la puerta,
y *cerró la puerta tras sí*".
(Génesis 19:6, énfasis añadido)

Era la caída de la tarde y junto con ella, la caída de dos grandes ciudades, Sodoma y Gomorra. Las fuerzas demoníacas que controlaban la ciudad de Sodoma se hallaban concentradas alrededor de la casa de Lot para arremeter contra los varones que habían llegado de visita. Sería una de esas acostumbradas manifestaciones públicas, propias del "ambiente gay" que caracterizaba aquella ciudad. Me parece escuchar a lo lejos sus voces:

—Oye, Lot

—Exigimos nuestros derechos homosexuales.

—Saca a esos machazos que acaban de entrar a tu casa para que los conozcamos.

—¡Hey! ¿De dónde los sacaste? ¿Quiénes son?

—De aquí no nos vamos hasta habernos acostado con ellos.

¡Qué vergüenza tan grande! Lot tendría que pagar un precio muy alto para poder salir de aquel lugar tan abominable. ¡Si hubiera entendido que Dios obró a través de Abraham, a tiempo, para librarlo de todo eso! Lamentablemente, sus ojos estaban cegados por la codicia y la ambición. Hasta su familia había sido contaminada por esa atmósfera mundanal. Jesús dijo claramente: "Donde esté vuestro tesoro, allí estará también vuestro corazón" (Mateo 6:21).

EL PELIGRO DE LA AMBICIÓN DESMEDIDA

Todos conocemos la historia de Sodoma y Gomorra. Ciudades que formaron parte de la Pentápolis, "cinco ciudades de la llanura", localizadas al extremo sur del Mar Muerto y que ahora se encuentran sumergidas bajo sus aguas. Destruidas totalmente por una lluvia de fuego y azufre que Dios envió desde el cielo a causa de los pecados que en ellas se practicaban.

La Biblia dice que el pecado de estas dos ciudades se agravó tanto que su clamor llegó a la misma presencia de Dios. Mi pregunta siempre ha sido, ¿qué tenía que hacer Lot en un ambiente como ese? y si le afectaba tanto la conducta de aquellos hombres, ¿por qué él continuaba metido allí con su familia? Observa lo que dice el apóstol Pedro en su segunda carta:

> "Porque si Dios no perdonó a los ángeles que pecaron, sino que arrojándolos al infierno los entregó a prisiones de oscuridad, para ser reservados al juicio; y si no perdonó al mundo antiguo, sino que guardó a Noé, pregonero de justicia, con otras siete personas, trayendo el diluvio sobre el mundo de los impíos, y si condenó por destrucción a las ciudades de Sodoma y Gomorra, reduciéndolas a ceniza y poniéndolas de ejemplo a los que habían de vivir impíamente, y libró al justo Lot, abrumado por la nefanda conducta de los malvados (*porque este justo, que moraba entre ellos, afligía cada día su alma justa, viendo y oyendo los hechos inicuos de ellos*), sabe el Señor librar de tentación a los piadosos, y reservar a los injustos para ser castigados en el día del juicio; y mayormente a aquellos que siguiendo la carne, andan en concupiscencia e inmundicia, y desprecian el señorío" (2º Pedro 2:4-10, énfasis añadido).

La única explicación que le encuentro a todo esto, es que Dios quiere enseñarnos a nosotros, los que hemos alcanzado el fin de los siglos, el panorama completo con relación al grado de degradación al que puede llegar el hombre por causa del pecado. Quiere mostrarnos como Su misericordia se ha manifestado aún en los momentos en que Su justicia demanda juicio inmediato. A pesar de que la Biblia cataloga a Lot como un hombre justo, no podemos ignorar que era débil de voluntad, se dejaba llevar por los impulsos de su corazón. No tomó autoridad contra los deseos carnales que batallaban contra su alma.

Lot fue arrastrado por su ambición. Ese deseo desmedido de tener y poseer riquezas y posición a costilla de lo que fuera (Génesis 13:5-11). Me temo que algunos creyentes de hoy día han caído en la misma trampa que Lot. La superación y el deseo de prosperar no es malo, pero se puede tornar pecaminoso cuando se hace fuera del orden divino. Aprovecho para hacer una salvedad en cuanto a esto.

La gente ha errado en cuanto al poder y la búsqueda de la felicidad. Creen que la felicidad está contenida en el éxito de logros alcanzados; en la valía personal, el bienestar material o el reconocimiento público. Otros creen que puede ser proporcionada por otro ser humano, y lamentablemente fracasan en su búsqueda.

Definen la felicidad en términos de su estado continuo e ininterrumpido de bienestar. ¡Qué terrible! (Date una vueltita por los capítulos 5 y 6 de Mateo y verás a quiénes Jesús llamó felices: Son aquellos...). Somos más propensos a ser engañados por nuestra propia carne que por el mismo diablo. Santiago en su carta dijo que cada uno es tentado cuando de su propia concupiscencia es seducido y atraído, así que no hay que ir muy lejos para caer en tentación y pecar contra Dios; el germen está en nuestra propia naturaleza. El asunto de la prosperidad se ha convertido para muchos cristianos en un tema de controversia, y Satanás ha logrado cauterizar muchas conciencias para que caigan en extremismos enfermizos. Espero que tú no estés en esa lista.

Nosotros, como cristianos, tenemos que ser radicales en cuanto a lo que la Biblia enseña, independientemente de la interpretación privada que algunos quieran darle a las Sagradas Escrituras. La Palabra dice que Dios enriquece al que quiere y al que quiere empobrece, porque Él es Dios, y punto.

Enriqueció a Abraham hasta lo sumo y a Lot le permitió pasar por una ruina total. La ambición llevó a Lot a una ciudad que eventualmente sería destruida (Génesis 13:6-11). ¿Qué te parece? Ciertamente Dios es el dueño del oro y de la plata, y las bendiciones materiales son un don de parte de Él al hombre, incluyendo el poder disfrutarlas en esta vida presente y en forma sabia.

Han sido prometidas a los que sirven fielmente al Señor, a los que buscan primeramente el Reino de Dios y Su justicia, y a los que le dan a Él el diezmo de todo, por cuanto cobijan el resto de sus ganancias bajo la promesa de protección que ha hecho Dios a quienes le obedecen (Malaquías 3).

Sin embargo, mi interés en este particular es que aprendas a ser un cristiano balanceado. Que vivas la vida cristiana de excelencia, pero dependiendo siempre de la fuente que es Cristo, para que todo te vaya bien y así hagas prosperar tu camino. Medita en los siguientes versos y no te dejes engañar por nadie, mas bien descubre cuáles son tus verdaderas motivaciones en la vida, y toma las correctas y sabias decisiones de fe. La Biblia dice:

"Jehová empobrece, y Él enriquece; abate y enaltece. Él levanta del polvo al pobre, y del muladar exalta al menesteroso, para hacerle sentar con los príncipes y heredar un sitio de honor" (1º de Samuel 2:7-8, énfasis añadido).

"El rico y el pobre se encuentran; *a ambos los hizo Jehová"* (Proverbios 22:2, énfasis añadido).

"Se apresura a ser rico el avaro, y no sabe que le ha de venir pobreza" (Proverbios 28:22, énfasis añadido).

"A los ricos de este siglo *manda que no sean altivos, ni pongan la esperanza en las riquezas, las cuales son inciertas, sino en el Dios vivo, que nos da todas las cosas para que las disfrutemos"* (2º Timoteo 6:17, énfasis añadido).

"Pero gran ganancia es la piedad acompañada de contentamiento; *porque nada hemos traído* a este mundo, y sin duda *nada podremos sacar.* Así que, teniendo sustento y abrigo, estemos contentos con esto, porque los que quieren enriquecerse caen en tentación y lazo y en muchas codicias necias y dañosas, que hunden a los hombres en destrucción y perdición; porque raíz de todos los males es el amor al dinero, el cual codiciando algunos, se extraviaron de la fe, y fueron traspasados de muchos dolores. *Mas tú, oh hombre de Dios, huye de estas cosas,* y sigue la justicia, la piedad, la fe, el amor, la paciencia, la mansedumbre" (1º Timoteo 6:6-11, énfasis añadido).

"No lo digo porque tenga escasez, pues he aprendido a contentarme, cualquiera sea mi situación. *Sé vivir humildemente y sé tener en abundancia;* en todo y por todo estoy enseñado, así para estar saciado como para tener hambre, así para tener abundancia como para padecer necesidad. Todo lo puedo en Cristo que me fortalece" (Filipenses 4:11-13, énfasis añadido).

¿Podremos llegar nosotros a este grado de madurez al que llegó el apóstol Pablo en su vida cristiana? Claro que podemos, si nos lo proponemos de todo corazón.

EL PELIGRO DE DARLE LUGAR AL DIABLO

La carta del apóstol Pablo a los Efesios tiene un verso relativamente corto, pero suficientemente poderoso para mantenernos en un alerta en cuanto a las puertas que, en ocasiones, le abrimos a Satanás. El verso dice: *"Ni deis lugar al diablo"* (Efesios 4:27, énfasis añadido).

Permíteme contarte algo que considero importante, dado el caso de la temática que expongo en el próximo capítulo. Para el año 1985 trabajé como maestra de Escuela Superior en un Colegio Privado en Puerto Rico. Allí Dios me concedió la oportunidad, no sólo de enseñar arte, sino también de prevenir a muchos de mis estudiantes de caer en la trampa de la homosexualidad y el lesbianismo.

Recuerdo que algunos de ellos me decían en su ignorancia: "Maestra, me gustaría saber qué es lo que se siente estando con alguien del propio sexo". Otros bromeaban paseándose por los pasillos como si fuesen afeminados. Siempre les dije que si no querían acabar confrontando problemas de identidad, suspendieran el relajo y no le abrieran más esta puerta a Satanás; a lo que me respondían: "No se preocupe maestra, que eso no nos va a hacer ningún daño".

¿Qué pasó luego? Pues lo que era de esperarse. Los que juraban y perjuraban que eso no les haría daño, tiempo más tarde cayeron en la homosexualidad. Dios quiso evitarles, a tiempo, esa caída; pero ellos no recibieron la palabra de advertencia y amonestación que el Señor puso en mis labios.

Nuestra posición como cristianos es la de amar y tratar a las personas con dignidad y respeto. No hay lugar para el odio, la burla o el rechazo, pero una cosa es amar a la gente, y otra, amar y apoyar sus conductas o prácticas inmorales como muestra de ese amor. No confundamos la "gimnasia" con la "magnesia". Aquí es donde muchas personas han tergiversado el amor de Dios. Ciertamente

Dios ama al pecador, pero definitivamente aborrece el pecado. No lo tolera. Observa lo que dice a los que hemos creído en Él, en cuanto al trato con los pecadores.

> "Conservaos en el amor de Dios, esperando la misericordia de nuestro Señor Jesucristo para vida eterna. *A algunos que dudan, convencedlos, a otros salvad, arrebatándolos del fuego y de otros tened misericordia con temor, aborreciendo aún la ropa contaminada por su carne"* (Judas 1:21-23, énfasis añadido).

Que Dios ame no significa que esté de acuerdo con todo lo que el hombre hace en la tierra. Dios no está enojado con el hombre propiamente, sino con las decisiones que éste toma. Precisamente, por cuanto lo ama es que lo previene y lo corrige acerca de lo que está mal.

Sé que este libro llegará a miles de personas que están de acuerdo con la práctica homosexual y que la apoyan como algo natural. Pero también lo leerán personas que desean salir de ese ambiente y no saben cómo hacerlo. Para los tales, Dios les abre hoy una puerta de escape.

LA HOMOSEXUALIDAD ES UN TÚNEL CON SALIDA

Se puede ser libre de la homosexualidad y el lesbianismo, así como puede ser libre un adúltero, un fornicario, un drogadicto, un chismoso, un mentiroso, un idólatra y muchos otros pecados más que ante los ojos de Dios son tan abominables como lo es la práctica homosexual. Aunque la influencia homosexual ejerza una gran presión sobre la vida de hombres y mujeres hoy día, no obstante el poder transformador de Dios es mayor.

El Dios que cambió a los homosexuales del tiempo de Pablo es el mismo Dios que cambia a los del tiempo presente. El poder de Dios está a la disposición de todo aquel que cree. Si queremos que los pecadores se arrepientan y vengan a Cristo, más vale que aprendamos a conducirlos a Jesús como Dios manda. Aquí está la respuesta:

> "Pero los cobardes e incrédulos, los abominables y homicidas, los fornicarios y hechiceros, los idólatras y todos los mentirosos tendrán su parte en el lago que arde con fuego y

azufre, que es la muerta segunda" (Apocalipsis 21:8).

"¿No sabéis que los injustos no heredarán el reino de Dios? No erréis; *ni los fornicarios* (los que sostienen relaciones sexuales sin estar debidamente casados ante Dios), *ni los idólatras* (los que anteponen cualquier cosa en lugar de Dios), *ni los adúlteros* (los que estando casados tienen otra pareja por la izquierda o fantasean mentalmente con tenerla), *ni los afeminados* (los que cultivan manerismos contrarios a la naturaleza de su sexualidad), *ni los que se echan con varones* (prácticas sodomitas), *ni los ladrones* (los que toman o se quedan con lo que no les pertenece), *ni los avaros* (los que viven sólo para satisfacer el apetito de tener más y más), *ni los borrachos* (los que se embriagan con bebidas alcohólicas), *ni los maldicientes* (los que hablan toda clase de maldad por su boca), *ni los estafadores* (los que se aprovechan quitándole a otros lo que tienen a base de engaños), *no heredarán el reino de Dios*. Y esto erais algunos; mas ya habéis sido lavados, ya habéis sido santificados, ya habéis sido justificados en el nombre del Señor Jesús, y por el Espíritu de nuestro Dios" (1º Corintios 6:9-11, énfasis añadido).

¿Te fijaste que hay respuesta de parte de Dios para el pecador? Pablo señala que algunos eran así antes, pero que la sangre de Cristo los lavó, los santificó y los justificó ante Dios. Ahora me pregunto: ¿Por qué a algunas iglesias se les hace tan difícil aceptar a quienes han salido o están tratando de salir de la homosexualidad? ¿Por qué inclusive algunos pastores, al predicar, usan el púlpito para burlarse de ellos como si fueran una plaga maligna? Hay quienes tienen hermanos en la fe dentro de sus congregaciones y al hacer comentarios absurdos los ofenden. ¡Qué falta de conciencia tienen algunos cristianos!

El mundo "gay", "personas del ambiente" o "de la familia", como ahora acostumbran llamarse entre sí, es un mundo complejo; de soledad, frustración y mucho dolor. Se lidia con el desengaño, las desilusiones, traiciones, infidelidades, verguenzas, humillaciones, burlas y sobre todo el rechazo. Es importante entender esto porque al igual que cualquier otro pecado, este extravío de la conducta humana en sus comienzos parece "inofensivo" para quienes luchan con ese tipo de inclinación en particular. ¡Si la humanidad y los cristianos pudiesen entender lo devastador que es el pecado en sí mismo! ¡Si comprendiéramos que el pecado, llámese como se llame (y toda desobediencia es pecado), lleva al hombre a una destrucción del ser y desintegración total de la personalidad tanto en el aspecto moral como espiritual! En fin, el pecado aleja al hombre por completo de Dios.

La Biblia enseña que por causa del pecado la raza humana está podrida hasta el núcleo. No es una mancha aislada que nos afea, es que todo el ser está corrompido, degenerado, que en esta tierra no hay nadie bueno, ni siquiera uno. Que no hay quien haga lo bueno ni quien busque a Dios en forma voluntaria. Cuando el hombre rechaza el Señorío y la autoridad de Dios, y se expone voluntariamente a la desobediencia de sus leyes morales, sociales y espirituales, está abriendo una brecha inmensa para que el pecado acabe con él. Mira lo que dice la Palabra con relación a la ciudad de Sodoma:

> "He aquí que esta fue la maldad de Sodoma tu hermana; *soberbia, saciedad de pan, y abundancia de ociosidad tuvieron ella y sus hijas; y no fortaleció la mano del afligido y del menesteroso.* Y se llenaron de soberbia, e hicieron abominación delante de mí, y cuando lo vi las quité" (Ezequiel 16:49-50, énfasis añadido).

¿No es ésta la condición que permite la sociedad actual? El tema de la homosexualidad y el lesbianismo está tan de moda hoy día que Satanás ha logrado que se acepte en muchos lugares como un estilo de vida normal, común y corriente. Muchas mentes han sido cauterizadas. La televisión, con sus famosos espectáculos llamados "talk shows", ha hecho fiesta promoviendo la homosexualidad como algo natural. Encontrar hoy día a parejas del mismo sexo mostrando su "amor libre" por las calles de nuestra ciudad, es algo común para muchos en la sociedad enferma y desequilibrada en que vivimos.

Los homosexuales y lesbianas exigen sus derechos de igualdad, respeto y dignidad sin saber que es eso precisamente lo que Satanás les ha robado; la dignidad y el respeto humano. Hasta Disney World, que empezó como un parque de diversión sana para los niños, ahora una vez al año consagra sus parques para que los "gays" disfruten sin inhibición alguna de sus derechos homosexuales. ¡Adónde hemos llegado! Orlando se ha convertido en otra Sodoma y Gomorra. Y la iglesia... ¿dónde está? ¿Estará preparada para tratar con estos casos? ¿Qué explicación reciben los jóvenes que se sienten atraídos por este estilo de vida? ¿Cuán madura está la iglesia para recibir, sin escandalizarse, a estas almas y brindarle la ayuda requerida de parte de Dios?

CÓMO VE DIOS LA CONDUCTA HOMOSEXUAL

Una cosa es cómo ve Dios al homosexual y a la lesbiana, y otra, cómo ve y cataloga sus conductas erradas. Mencioné que clarificaría conceptos y lo haré. La conducta homosexual es contra naturaleza y la Biblia condena esta práctica rotundamente.

> *"No te echarás con varón como con mujer; es abominación.* Ni con ningún animal tendrás ayuntamiento amancillándote con él, ni mujer alguna se pondrá delante de animal para ayuntarse con él; *es perversión"* (Levítico 18:22-23, énfasis añadido).

> "Por esto Dios los entregó a la inmundicia, en las concupiscencias de sus corazones, de modo que deshonraron entre sí sus propios cuerpos, ya que cambiaron la verdad de Dios por la mentira, honrando y dando culto a las criaturas antes que al Creador, el cual es bendito por los siglos. Por esto Dios los entregó a pasiones vergonzosas; *pues aún sus mujeres cambiaron el uso natural por el que es contra naturaleza, y de igual modo también los hombres, dejando el uso natural de la mujer, se encendieron en su lascivia unos con otros cometiendo hechos vergonzosos hombres con hombres, y recibiendo en sí mismos la retribución debida a su extravío.* Y como ellos no aprobaron en tener en cuenta a Dios, *Dios los entregó a una mente reprobada,* para hacer cosas que no convienen; estando atestados de toda injusticia, fornicación, perversidad, avaricia, maldad; llenos de envidia, homicidios, contiendas, engaños y malignidades; murmuradores, detractores, aborrecedores de Dios, injuriosos, soberbios, altivos, inventores de males, desobedientes a los padres, necios, desleales, sin afecto natural, implacables, sin misericordia; quienes habiendo entendido el juicio de Dios, que los que practican tales cosas son dignos de muerte, no sólo las hacen, sino que también se complacen con los que las practican" (Romanos 1:24-29, énfasis añadido).

He aquí la explicación bíblica del porqué muchos homosexuales y lesbianas no quieren dejar su estilo de vida. Han endurecido el corazón, han preferido creer a la mentira del diablo que a la verdad de Dios, y contra tales personas Dios no contiende, los entrega a la merced de su pecado, y punto. La paciencia de Dios en cuanto al pecado tiene un límite, y a quienes se niegan a arrepentirse sólo les espera el castigo eterno, muerte espiritual y muerte física. No hay otra vía de escape.

Todo lo que se opone al orden natural establecido por Dios, es pecado. El pecado es un germen de corrupción con el que todos nacimos en este mundo. El problema de la homosexualidad data desde tiempos antiguos, no es nada nuevo. Es importante entender que en estado de pecaminosidad, el ser humano por sí sólo no puede refrenar sus instintos y apetitos. A la larga se hace esclavo de sus propias pasiones, y éstas conforme a la concupiscencia del corazón, lo alcanza. No todo el mundo está predispuesto a cometer actos de índole homosexual, pero sí todos estamos predispuestos a pecar habitualmente si no le damos el control de nuestra vida a Dios.

El pecado no respeta. Siempre ha conducido al hombre al apetito por lo desconocido, lo prohibido, lo oculto y lo misterioso. Satanás se encarga, tras bastidores, de avivar la llama de pasiones encendidas e induce al hombre y a la mujer a probar lo que no se debe. La práctica homosexual era costumbre entre los pueblos paganos e idólatras que solían deleitarse en actos lascivos, delictivos, violentos y perversos. Por eso fue que Dios estableció leyes reguladas para Su pueblo, evitando así que éstos se dejaran arrastrar por la influencia de estas naciones. Las mentes ociosas son un alto potencial para generar conductas inapropiadas y perversas.

Dios sabe que sin ley la humanidad se desenfrena y los pueblos perecen en su maldad. El mundo homosexual está lleno de oscurantismo y enormes vacíos. Nadie puede hablar de lo que no ha vivido. Yo escribo con autoridad porque lo viví en carne propia. Sé lo que significa buscar a Dios y enfrentar una lucha de lesbianismo. Es como verte atrapado en un túnel. Sin embargo, mientras más caminas, la esperanza de vislumbrar a la distancia una luz se hace más segura.

La Biblia afirma que el que busca a Dios, lo encuentra. Y aún más, hay quienes sin buscar a Dios son hallados por Él. Este puede ser tu caso. Aunque tu problema no sea la homosexualidad o el lesbianismo, la Palabra de Dios señala que existe diversidad de pecados que alejan al hombre de su Creador, y esos pecados están a la puerta.

El pecado está a la puerta

Son sorprendentes las cosas que pueden acontecer en el umbral de una puerta. Ya sea una puerta en el sentido literal o figurado. Dios mismo usó el término "puerta" para referirse a la entrada que le dio Caín al pecado de la rebelión en su vida. Observa como le dijo:

"Entonces Jehová dijo a Caín: ¿Por qué te has ensañado, y por qué ha decaído tu semblante? Si bien hicieres, ¿no serás enaltecido? y si no hicieres bien, *el pecado está a la puerta;* con todo esto, a ti será su deseo, y tú te enseñorearás de él" (Génesis 4:6-7, énfasis añadido).

La rebelión es el primer pecado que asoma las narices cuando somos confrontados por Dios, y hay sólo dos cosas que podemos hacer; humillarnos y pedir perdón, o endurecer la cerviz y seguir pecando.

Dios toca a la puerta, pero Satanás hace violencia sobre ella.

Mira el contraste tan marcado que hay en los siguientes textos bíblicos:

"He aquí, yo estoy a la puerta y llamo; *si alguno oye mi voz y abre la puerta,* entraré a él y cenaré con él y él conmigo" (Apocalipsis 3:20, énfasis añadido).

"Y ellos respondieron: Quita allá; y añadieron: Vino este extraño para habitar entre nosotros, ¿y habrá de erigirse en juez? Ahora te haremos más mal que a ellos. *Y hacían gran violencia al varón, a Lot, y se acercaron para romper la puerta*" (Génesis 19:9, énfasis añadido).

Así es la maldad; arremete con furia para destruir al que le permita entrar. Lo triste del caso es que son muchos los que le abren la puerta al pecado y le cierran la puerta a Dios. Si estás en esas, arrepiéntete para que no te sobrevenga algo peor.

Nada ni nadie podrá entrar por las puertas de tu casa o de tu corazón, a menos que tú mismo se lo permitas. Si por alguna razón alguien trata de violentar tu puerta, ten por seguro que el Señor alargará Su mano y te defenderá, pero recuerda que para eso tienes que haberlo dejado entrar a Él primero a tu vida. No hay otra manera.

Cuando Dios dice que es hora de
que escapes por tu vida
nunca voltees la cabeza para
mirar hacia atrás,
porque si lo haces
irremediablemente te convertirás
en una estatua de sal.
¡Acuérdate de la mujer de Lot!

Rosita Martínez

Capítulo 14

¡Date prisa,
escapa por tu vida!

"Y cuando los hubieron llevado fuera, dijeron:
Escapa por tu vida; no mires tras ti, ni pares en toda esta llanura,
escapa al monte no sea que perezcas".

(Génesis 19:17)

MOMENTOS DECISIVOS

A todos nos llegan momentos decisivos en la vida. Momentos en que si no nos determinamos hacer lo que Dios dice que hagamos, perecemos. Las decisiones que tomamos a diario afectarán nuestro futuro para bien o para mal. He ahí la importancia de tomar sabias y correctas decisiones de fe, especialmente en medio de un mundo que constantemente te ofrece múltiples alternativas a escoger.

Mientras el mundo te deja "patidifuso" con sus ofertas, la dirección divina te encausa. La orden de Dios fue clara: escapa por tu vida. Me imagino lo duro que fue para Lot obedecer esta orden. Su corazón estaba habituado a las llanuras, la vida fácil y placentera (Génesis 13:11). Ahora él y su familia debían hacer tres cosas para conservar su vida: escapar de aquel lugar, olvidar lo que quedó atrás, y subir al monte. Era un asunto de vida o muerte. Tendría que tomar una decisión seria. El tiempo de vivir para sí y hacer su voluntad había llegado a su fin. Esta era la última oportunidad que Dios le daba.

Es interesante cómo la misericordia de Dios actúa a nuestro favor. La Biblia dice que los ángeles tuvieron que agarrar a Lot de la mano y sacarlo fuera de la ciudad, porque en ese momento le dio con detenerse, no sé a qué (Génesis 19:16). Fue el mismo consejo que le dio el apóstol Pablo a Timoteo con referencia a las presiones que enfrentaría como pastor joven. Le dijo:

> "Así que si alguno se *limpia* de estas cosas, será instrumento para honra, santificado, útil al Señor, y dispuesto para toda buena obra. *Huye* también de las pasiones juveniles y *sigue* la justicia, la fe, el amor, y la paz, con los que de corazón limpio invocan al Señor" (2º Timoteo 2:21-22, énfasis añadido).

Límpiate, huye y sigue la justicia. Esta es la clave para escapar, mi hermano. Escapar es arrancar en 'fa', huir lejos, "chilla el tenis". Eso fue lo que hizo José cuando la mujer de Potifar lo sedujo para que durmiera con ella (Ver capítulo 39 de Génesis). José salió corriendo de aquel lugar sin pensarlo dos veces. Es mejor que se diga de ti: aquí corrió, y no, aquí quedó. Eso fue lo que debió haber hecho Sansón cuando Dalila lo sedujo (Jueces 16). Por eso es que el Señor en Su doctrina dice:

> "Oísteis que fue dicho: No cometerás adulterio. Pero yo os digo que cualquiera que mira a una mujer para codiciarla, ya adulteró con ella en su corazón. Por tanto, si tu ojo derecho te es ocasión de caer, sácalo y échalo de ti; pues mejor te es que se pierda uno de tus miembros, y no que todo tu cuerpo sea echado al infierno" (Mateo 5:27-29).

¿Te fijas que Dios siempre busca la forma de sacarte de los peligros que asechan tu vida? Enviará un ángel, un mensajero, lo que sea con tal que no perezcas, pero si insistes en atesorar lo que Él te dice que es dañino para tu mente y corazón, entonces a Dios no le queda de otra sino entregarte a tu pecado (Romanos 1:24).

A cualquiera que insista en vivir apegado al pecado, lamentablemente le sucederá lo que a la mujer de Lot. Se endurecerán como estatuas y no servirán sino para recordarle a otros el fatal desenlace de los desobedientes. Hay decisiones que ponen en juego la vida. Un momento de placer te puede postrar para siempre en una cama con Sida o te puede llevar a la cárcel.

Salomón dijo que una pequeña locura al que era estimado como sabio y honorable, era semejante a que dentro de un perfume cayera una mosca muerta. Lo dañaría y expediría mal olor. Mi pregunta es, ¿a qué hueles tú? Ten cuidado de ti mismo. No permitas que las pequeñas zorras echen a perder tu viña.

No es tiempo de bromear, ¡sal de ahí ya!

Cuando Dios dice ¡es hora de que salgas!, no puedes pensarlo dos veces; lo tienes que hacer y punto. No es asunto de si lo sientes o no, la obediencia debe ser instantánea. No preguntes el porqué ni pidas prórrogas de tiempo. Yo no sé de qué ambiente, lugar, círculo de amistades, negocio o relación Dios te está diciendo que salgas. Lo que sí te aseguro es que se hace tarde si aún no lo has hecho. Deja la autosuficiencia a un lado y "jala pal monte", porque en la llanura no hay refugio.

No mires tras ti...

Este segundo paso es esencial, tanto así, que mira lo que dicen las Sagradas Escrituras al respecto:

> "Ahora, pues, oh Israel, oye los estatutos y decretos que yo os enseño, para que los ejecutéis, y viváis, y entréis y poseáis la tierra que Jehová el Dios de vuestros padres os da. Vuestros ojos vieron lo que hizo Jehová con motivo de Baal-peor; *que a todo hombre que fue en pos de Baal-peor destruyó Jehová tu Dios de en medio de ti. Mas vosotros que seguisteis a Jehová vuestro Dios, todos estáis vivos hoy.* Mirad, yo os he enseñado estatutos y decretos, como Jehová mi Dios me mandó, para que hagáis así en medio de la tierra en la cual entráis para tomar posesión de ella. Por tanto, guárdate, y guarda tu alma con diligencia, para que no te olvides de las cosas que tus ojos han visto, ni se aparten de tu corazón todos los días de tu vida" (Deuteronomio 4:1, 3, 4, 5 y 9, énfasis añadido).

> "¡Ay de los hijos que se apartan dice Jehová, para tomar consejo, y no de mí; para cobijarse con cubierta, y no de mi espíritu, añadiendo pecado a pecado! Que se apartan para descender a Egipto, y no han preguntado de mi boca" (Isaías 30:1-2).

> "Mas esto les mandé, diciendo: escuchad mi voz, y seré a vosotros por Dios, y vosotros me seréis por pueblo; y andad en todo camino que os mande, para que os vaya bien. Y no oyeron ni inclinaron su oído; antes caminaron en sus propios

consejos, en la dureza de su corazón malvado, *y fueron hacia atrás y no hacia adelante"* (Jeremías 7:23-24, énfasis añadido).

"Y Jesús le dijo: ninguno que poniendo su mano en el arado *mira hacia atrás,* es apto para el reino de Dios" (Lucas 9:62, énfasis añadido).

¿Por qué Dios prohibe mirar hacia atrás? ¿Qué es lo que Él percibe en el acto de voltear la cabeza? Advierte ingratitud, incredulidad, un acto desafiante de autosuficiencia. Mirar hacia atrás es rebeldía abierta y quien lo hace no es apto, no está calificado, ni tiene la capacidad de entender de dónde Dios lo sacó.

"Desde entonces muchos de sus discípulos *volvieron atrás y ya no andaban con él.* Dijo entonces Jesús a los doce: ¿Queréis acaso iros también vosotros?" (Juan 6:66-67, énfasis añadido).

"Mas el justo vivirá por fe; y si retrocediere, no agradará a mi alma. Pero nosotros no somos de los que retroceden para perdición, sino de los que tienen fe para preservación del alma" (Hebreos 10:38-39).

Creo que con todos estos ejemplos debiéramos conducirnos ante Dios con temor y temblor (Hebreos 2:1-3).

ESCAPA AL MONTE, NO PARES EN LA LLANURA

Parar en la llanura significa detener el proceso de liberación. Dios sabía lo apegado que estaba Lot a aquellas ciudades. Cuando Dios te liberta de algo lo hace con el propósito de que marches hacia adelante, no hacia atrás. Si te sueltas de la mano del Señor, tarde o temprano te sentirás atraído a tus antiguos patrones de conducta. Por eso es que Él te quiere en la cumbre del monte.

¿Te acuerdas de las veces que subías al monte a buscar el rostro de Dios y bajabas nuevecito? Nadie te tuvo que imponer manos, allí no estuvo ni el consejero, ni la misionera, ni el pastor, sólo tú y Dios, y eso era suficiente para ti. Entonces ¿qué esperas para hacerlo nuevamente? Sube al monte y enciérrate. Pídele a Dios una audiencia en privado. Hay cosas que son de urgencia en tu vida y no puedes depender de que alguien ore por ti, porque nadie lo hará como tú.

Los cambios muchas veces toman tiempo, y si uno no emplea

medidas drásticas para erradicar el mal de raíz, con el tiempo los abrojos vuelven a salir. Los montes siempre han sido en la Biblia sinónimo de refugio, lugares de encuentro con Dios, de paz y solaz. Lot es un personaje que a mí, en lo personal, me llama mucho la atención, y sobre todo me rompe por dentro. En él se puede palpar de cerca lo que realmente significa la gracia y la misericordia de Dios sobre una vida. Mientras los ángeles le señalan el monte como el lugar perfecto para escapar, él pide una ciudad. Por cierto, una ciudad pequeña. Increíble, pero Dios le concedió lo que pidió. Imagino que lo hizo para convertirlo en testigo de lo que había visto y experimentado.

La misericordia de Dios no tiene límites cuando de salvar almas se trata. Dios los sigue hasta el final. La Palabra señala que el sol salió sobre la tierra cuando Lot llegó a Zoar, como indicándonos en ese detalle que la luz puede resplandecer en medio de la más densa oscuridad.

Los justos serán arrebatados del mal que se aproxima

Amados, la historia del hombre se resume en una repetición de actos que apuntan hacia su destino final. Los juicios de Dios están a punto de derramarse y Él hace con nosotros como hizo con Lot, nos libra a tiempo de la destrucción.

"...Y para que seamos librados de hombres perversos y malos; porque no es de todos la fe, pero fiel es el Señor, que os afirmará y guardará del mal" (2º Tesalonicenses 3:2-3).

"Porque no nos ha puesto Dios para ira, sino para alcanzar salvación por medio de nuestro Señor Jesucristo. Por lo cual, animaos unos a otros y edificaos unos a otros así como lo hacéis" (1º Tesalonicenses 5:9 y 11).

"Pero Sión dijo: Me dejó Jehová,
y el Señor se olvidó de mí.
¿Se olvidará la mujer de lo que dio a luz,
para dejar de compadecerse del hijo de su vientre?
Aunque olvide ella, yo nunca me olvidaré de ti"
(Isaías 49:14-15)

Capítulo 15

Dios se acuerda de ti

"Y subió Abraham por la mañana al lugar donde había estado delante de Jehová. Y miró hacia Sodoma y Gomorra, y hacia toda la tierra de aquella llanura miró; y he aquí como el humo de un horno. Así, cuando destruyó Dios las ciudades de la llanura, *Dios se acordó de Abraham, y envió fuera a Lot de en medio de la destrucción,* al asolar las ciudades donde Lot estaba. Pero Lot subió de Zoar y moró en el monte, y sus dos hijas con él; porque tuvo miedo de quedarse en Zoar, y habitó en una cueva él y sus dos hijas".

(Génesis 19:27-30, énfasis añadido)

¡Qué bueno es saber que Dios se acuerda de nosotros, y en especial de aquellos que llevamos en el corazón! Los textos finales del capítulo diecinueve de Génesis me cautivan. Son una especie de llamado a recordar. Allí estaba Abraham contemplando las ruinas de lo que alguna vez fue una "atractiva" ciudad para el mundo, la gran Sodoma y Gomorra. Ahora eran solamente polvo, ceniza y azufre. ¡Qué gran lección para nosotros, los que hemos alcanzado los fines de los siglos! Imagino que Abraham sólo podía dar gracias a Dios por haber librado a su sobrino Lot, de morir allí.

Aquí, amados míos, tenemos plasmado el fin de aquellos que se dejan llevar por la codicia de los ojos, los deseos de la carne y la vanagloria de la vida. Terminan como terminó Sodoma y Gomorra, en la ruina total. A pesar de todo, me reconforta saber que no importa donde esté metida nuestra familia y lo que estén haciendo tras bastidores, el Dios que se acordó de la familia de Abraham, se acordará también de la nuestra; y por amor a Su Nombre y al nuestro, los sacará de allí a tiempo. ¡Aleluya!

La Biblia dice: "Cree en el Señor Jesucristo y serás salvo tú, y tu casa" (Hechos 16:31). Esa palabra no fue sólo para el carcelero de Filipos sino para ti y para mí, que hemos creído a Dios y hemos aprendido lo que es el ministerio de la intercesión. Observa el siguiente pasaje y deléitate en lo que Dios es capaz de hacer cuando tú y yo oramos y alabamos a Dios a pesar de...

> "Pero a medianoche, orando Pablo y Silas, cantaban himnos a Dios; y los presos los oían. Entonces sobrevino de repente un gran terremoto, de tal manera que los cimientos de la cárcel se sacudían; *y al instante se abrieron las puertas, y las cadenas de todos se soltaron"* (Hechos 16:25-26, énfasis añadido).

¿Te fijas? La oración de intercesión y la alabanza es vital cuando de situaciones de muerte se trata. Tu deber es orar, orar y orar, y dar gracias a Dios por lo que Él está haciendo aunque tus ojos no lo vean. Recuerda que mientras oras, un gran terremoto puede surgir; no te intimides, eso es parte del proceso. Tu oración está revolcando los cimientos que mantienen a ese familiar tuyo atado. Las puertas se abrirán de un momento a otro, y las cadenas caerán. Es ahí donde se cumple la promesa de salvación.

Siempre admiraré a mi madre por dos cosas que fueron esenciales en su vida; fue una mujer de fe y de oración. Recuerdo que una de sus peticiones ante Dios fue que sus dos hijos llegaran a ser ministros del Evangelio de Jesucristo, y algún día pudieran ministrar juntos. Hoy ese deseo de mi madre es toda una realidad.

¿Cuál es tu deseo como madre, o como padre? ¿Cuál es tu deseo como hijo, hermana o hermano, como tío o tía? Cualquiera que sea, ten por seguro que Dios lo hará posible. Tu familiar saldrá de ahí porque Dios mismo lo sacará.

Palabras finales

Este libro no concluye aquí. Habrá un segundo volumen que te insto a leer. En él te expongo mi vida a cara descubierta, sin tapujos ni rodeos. Hablo de siete lugares específicos de dónde todos pedimos a gritos que Dios nos saque, y te cuento con lujo de detalles cómo pude yo salir de ahí con la ayuda de Dios.

Recuerda que la puerta de escape está abierta. Es tuya la decisión de quedarte donde estás o de abrazar tu liberación. El camino ya fue abierto, el acceso está directo. La luz de Cristo te espera al otro lado del umbral de esa puerta para darte revelación de espíritu. No tengas miedo... marcha hacia adelante... la victoria es segura. No mires lo que quedó atrás, proyéctate hacia lo que está adelante.

Alinea todos tus músculos hacia el frente y corre. Corre sin parar. Recuerda que esta carrera es un maratón que dura toda la vida, y la ganan aquellos que aprenden a correrla con paciencia y determinación. Las olimpiadas del cielo te aguardan. Procura pues correr de tal manera que obtengas tu galardón.

No te digo adiós sino un hasta luego. Nos vemos pronto. Mi ruego ante el Señor es que después de haber leído este libro tu vida no sea la misma, sino que hayas podido superar tus crisis. ¡Dios te bendiga abundantemente!

Sobre la autora

Rosita Martínez es una mujer sencilla y práctica. Hace alrededor de quince años que se desenvuelve como Evangelista. Su ministerio apunta hacia la restauración integral del ser humano. Cree en la efectividad que tiene la Palabra de Dios sobre una vida cuando ésta la oye, la cree y la hace. Su enfoque en la enseñanza destaca la necesidad de que toda persona convertida al evangelio debe pasar por un proceso de sanidad emocional y de liberación. Siendo esto parte integrante de la obra que opera el Espíritu Santo en la vida del hombre.

Sus casetes de enseñanza y la literatura que escribe, condujo a mucha gente, cristiana y no cristiana, a conocer a Dios de manera más profunda. Su vida se resume en el nombre que lleva su ministerio "En alas de la fe", y su meta final es ir donde otros se han negado.

Ministerio En Alas de la Fe

Rosita Martínez y Maria E. Delgado

6202 Tinley Terrace
Sanford FL 32773
E-mail: enalasdelafe1@aol.com
Website: www.enalasdelafe.20fr.com
Tel: 407-328-0758